dtv

Reihe Hanser

Johann Hinrich Claussen hat die Ohren gespitzt und verschiedenste Gebete versammelt, vom biblischen Psalm bis zum modernen Gedicht. Dazwischen erzählt er anrührende Geschichten über das Beten und beantwortet große Fragen: Kann man beim Beten Fehler machen? Wie soll man Gott anreden? Was soll man beten, wenn man Sehnsucht hat? Was, wenn man sein Leben ändern möchte? Und warum werden nicht alle Gebete erhört?

Bei seiner Spurensuche ist ein Mosaik aus ganz unterschiedlichen kleinen und großen, hellen und dunklen, alten und neuen Steinen entstanden, das dazu anregt, sich seine eigenen Gedanken zu machen, und das Lust macht, es selbst einmal zu versuchen, das Beten.

Johann Hinrich Claussen, geboren 1964, studierte evangelische Theologie in Tübingen, Hamburg und London. Heute lebt er mit seiner Familie in Hamburg – als Propst im Kirchenkreis Alt-Hamburg und Hauptpastor an der Hauptkirche St. Nikolai. Johann Hinrich Claussen lehrt als Privatdozent Systematische Theologie an der Universität Hamburg und schreibt regelmäßig für die ›Frankfurter Allgemeine Zeitung‹ und die ›Welt‹. In der *Reihe Hanser* ist von ihm bereits erschienen ›Moritz und der liebe Gott‹ (dtv 62168).

O GOTT!

Warum

und wie

wir beten

oder auch nicht

Johann Hinrich Claussen

Deutscher Taschenbuch Verlag

Für Nikolas, Philine und Thomas

Das gesamte lieferbare Programm der *Reihe Hanser*
und viele andere Informationen finden Sie unter
www.reihehanser.de

Originalausgabe
In neuer Rechtschreibung
Die Gedichte allerdings folgen den von ihren Autoren
gewählten Schreibungen.
September 2008
© Deutscher Taschenbuch Verlag GmbH & Co. KG, München
Umschlag und Innengestaltung: Peter Andreas Hassiepen
Gesetzt aus der Bembo 10,75/13·
Gesamtherstellung: Druckerei C. H. Beck, Nördlingen
Gedruckt auf säurefreiem, chlorfrei gebleichtem Papier
Printed in Germany · ISBN 978-3-423-62365-0

O GOTT, O GOTT!
EINLEITUNG

In früheren Zeiten gab es zahlreiche Tabus. Das waren Dinge, die man unter keinen Umständen tat, oder Themen, die man niemals ansprach. Aus Angst, Scheu und Gewohnheit klammerte man sie aus und verhielt sich, als ob es sie gar nicht gäbe. Geld, Krankheiten, persönliche Sorgen, eigene Schwächen oder die Liebe waren in der Öffentlichkeit lange tabuisiert. Inzwischen sind viele dieser Tabus gebrochen. In den Medien, aber auch in privaten Unterhaltungen redet man ganz offen über frühere Tabuthemen, selbst über den Tod oder die Sexualität.

Ein letztes Tabu ist geblieben, zumindest bei uns in Deutschland: das Gebet. Obwohl es ein neues Interesse an der Religion gibt und seit einigen Jahren wieder intensiv über religiöse Themen diskutiert wird, wird über den eigentlichen Kern der Religion, das Gebet, noch immer nicht offen gesprochen. Zu gering ist sein Nachrichtenwert, zu intim sind seine Inhalte – selbst für private Gespräche.

Doch zweifellos ist Beten ein Thema, das Menschen anzieht und bewegt – immer noch und immer stärker. Viel mehr Menschen, als man ahnt, beten. In Kirchen oder Moscheen, in Krankenhäusern oder Elendsvierteln, bei großen Festen oder einsam zu Hause: Überall auf der Welt richten Menschen in diesem Augenblick ein Gebet an Gott. Auch wenn keine Statistik sie erfasst, ist die ganze Erde von unhörbaren Gebeten erfüllt.

Manche von ihnen sind lange, feierliche und klug formulierte theologische Texte, die meisten aber sind ganz einfache Rufe, Dankseufzer, Hilfeschreie, Satzfetzen.

Schon in einem scheinbar harmlosen »O Gott!« steckt eine ganze Welt des Betens. Denn ein »O Gott!« lässt sich auf ganz verschiedene Weise sagen: Man kann es achtlos hinwerfen, wenn man gereizt und enerviert ist. Man kann es ängstlich zwischen den Zähnen hervorpressen, wenn einen ein Unfall trifft. Man kann es fassungslos aus sich herauslachen, wenn einem ein plötzliches Glück widerfährt. So zeigt schon der kleine, unscheinbare Stoßseufzer »O Gott!« die Spannweite, Schönheit und Tiefe des Gebets.

Wenn in Deutschland über das Gebet nicht allzu viel gesprochen wird, dann hat das auch sein Gutes. Wenn zum Beispiel in den Vereinigten Staaten Menschen offen Auskunft über ihre Gebetserfahrungen geben, ist das zwar manchmal sehr anrührend, manchmal aber hatte man gar nicht darum gebeten. Dann fühlt man sich bedrängt und irgendwie peinlich berührt. Die Tabuisierung des Gebets hat ihren Sinn. Ein Tabu ist ein Schutzraum für das, was einem heilig ist. Ein Tabu bewahrt das Herzensgeheimnis eines Menschen vor der Zudringlichkeit anderer. Und das Beten ist etwas Geheimes und sehr Persönliches. Es ist der Moment, in dem man ungeschützt vor Gott tritt, in dem man – wie der antike Philosoph Plotin gesagt hat – »als Einsamer vor dem Einsamen« steht. Da möchte man in der Tat von anderen nicht neugierig beäugt, sondern schlicht in Ruhe gelassen werden.

Das Verschweigen des Gebets in der Öffentlichkeit birgt aber auch eine Gefahr. Denn worüber man nie spricht, dafür fehlen einem irgendwann die Worte. Worüber man sich nie mit anderen austauscht, das kann man selbst irgendwann gar nicht mehr begreifen und sich aneignen. Zugegeben, das Beten hat viel mit Schweigen zu tun. Aber worüber man nur noch schweigt, das hat man bald vergessen. Aus den Ohren, aus dem Sinn. Und gerade wenn man selbst eine Sehnsucht nach einem Gespräch mit Gott verspürt und möchte, dass er einen hört und zu einem spricht, dann sollte man sich auch mit anderen darüber austauschen.

Manchmal allerdings macht ein Tabu auch neugierig. Es reizt dazu, dasjenige, was in allgemeines Schweigen gehüllt ist, zu entdecken und zu erkunden. Dieses Buch lädt zu solch einer Entdeckungsreise ein – zu einer Expedition in die Welt des Gebets. Es stellt die große, weite und mitunter recht fremde und exotische Welt des Gebets vor. Dazu unternimmt es zahlreiche Ausflüge in längst vergangene Zeiten und ferne Kontinente. Denn wer das Gebet in seiner ursprünglichen Kraft und unverstellten Wucht kennenlernen will, der muss seinen Blick über das heutige Westeuropa hinaus weiten und sich von der kurzatmigen eigenen Gegenwart lösen.

Dieses Buch ist kein in sich geschlossenes, systematisch angelegtes Sachbuch, sondern ein buntes Sammelsurium. Man muss es nicht stur von vorne bis hinten durchlesen, sondern kann hin und her lesen, vor- und zurückblättern. Schöne alte Gebete sind hier versammelt, aber auch moderne Gedichte. Anrührende Geschichten über das Beten werden erzählt, aber auch der Kritik am Beten wird Raum gegeben. Einfache und schwierige, grundlegende und abseitige Fragen werden gestellt und beantwortet. Besser gesagt, sie werden nur selten vollständig beantwortet, sondern es wird ein Weg aufgezeigt, auf dem der Leser zu einer eigenen Antwort kommen könnte. Beispiele aus dem Christentum stehen im Vordergrund, doch sie sind verbunden mit Zeugnissen aus anderen Religionen.

So wird ein Mosaik aus ganz unterschiedlichen, kleinen und großen, hellen und dunklen, alten und neuen Steinen zusammengefügt, das hoffentlich mehr als ein wissenschaftliches Werk seine Leser anregt, sich ihre eigenen Gedanken zu machen, und das Lust macht, es selbst einmal mit dem Beten zu versuchen. Denn das ist das Allerwichtigste: dass man es tut, sich zurückzieht, still wird, zu Gott spricht und auf seine Antwort hört. Der eigentliche Nutzen und das wahre Glück des Gebets zeigen sich noch nicht im Darübersprechen oder Darüberlesen, sondern erst, indem man es selber tut, im eigenen Beten.

»Nichts ist gewaltiger als das Gebet und nichts ist ihm zu vergleichen.«

Johannes Chrysostomus (349 bis 407),
antiker Theologe und Prediger

DARF MAN ANDERE BEIM BETEN BELAUSCHEN?

Einer der merkwürdigsten Kinofilme der vergangenen Jahre stammt von Ulrich Seidl, einem österreichischen Regisseur. In seinem Dokumentarfilm »Jesus, du weißt« (2003) hat er Menschen beim Gebet gefilmt. Es sind eine Reihe sogenannter »kleiner Leute« aus Wien, die in ihre Kirche gehen, sich hinknien und dann dem Herrgott ihr Herz ausschütten: eine mittelalte Frau, die mit einem kranken Muslim verheiratet ist, ein älterer Angestellter, der so gern eine Partnerin fände, eine pensionierte Lehrerin, die von ihrem Mann betrogen wurde. Sie erzählen Gott ihre Lebensgeschichten, breiten ihre Sorgen vor ihm aus und bitten ihn um Hilfe. Und die Kamera hält frontal auf sie drauf.

Kein Wunder, dass dieser Film keine Menschenmassen in die Kinos gelockt hat. Denn auch wenn es anfangs einen gewissen Reiz hat, wildfremden Menschen beim Beten zuzuschauen und zuzuhören, so fühlt man sich doch schnell unangenehm berührt, abgestoßen und schließlich auch gelangweilt. Die Gebete anderer Menschen gehen einen nichts an. Sie sind Privatsache und sollten es bleiben.

Andererseits braucht man Vorbilder, um selbst das Beten zu lernen. Man muss die Gelegenheit haben, anderen die Kunst des Gebets abzuschauen. Der Verleger und Schriftsteller Michael Krüger hatte diese Gelegenheit: Als kleiner Junge verbrachte er viel Zeit bei seinen Großeltern, Bauern im Osten Deutschlands, deren Hof nach dem Zweiten Weltkrieg enteignet worden war. Seitdem lebten sie auf dem ehemals eigenen Hof als Knechte in einem kleinen Zimmer eng zusammengepfercht. Der kleine Michael musste sich das Bett mit seinen Großeltern teilen. Jeden Abend, wenn die Großmutter glaubte, ihr Mann und ihr Enkel würden schon schlafen, begann sie zu beten. Das war eine einmalige Gelegenheit für den Jungen, seine Großmutter bei ihrem Gespräch mit Gott zu belauschen:

»Zuerst sprach sie ein Gebet, um Gottes Aufmerksamkeit auf sich zu lenken, der ja damals eine Menge Gebete zur gleichen Zeit anhören musste, dann folgte die direkte Ansprache. Es begann damit, dass die Großmutter dem abwesenden Gott in Erinnerung rief, dass er ihnen den Hof genommen habe. Du hast zugelassen, murmelte sie, dass jetzt fremde Leute an unserem Tisch sitzen. Es war auch Dein Wille, dass das schöne Porzellan in Brüche geht. Und findest Du es richtig, dass meine Bilder in fremden Schlafzimmern hängen? Und konntest Du mit ansehen, dass der Großvater erleben musste, wie seine Maschinen zerstört wurden? Und warum bist Du nicht eingeschritten, als wir heute von dem neuen Verwalter mit Schimpfworten beleidigt wurden?

Weil sie keinen Grund für diese harte Strafe wusste, zählte sie auf, was sie beide, Großvater und sie, für das Land und die Menschen getan hatten. Hast Du eine einzige Klage gehört?, fragte sie in die Dunkelheit. Hat sich jemand beschwert? Ist einer der Fremdarbeiter ausfällig gegen uns geworden? Und da Gott ihr zwar, da war ich ganz sicher, zuhörte, seine Antworten aber auf sich warten ließen, übernahm sie nach und nach indirekt auch seinen Part. Gut, sagte sie zum Beispiel, wir haben im Frühjahr 1939 den Melker entlassen, aber Du musst zugeben, dass er ein fauler Kerl war und seinen Stall verludern ließ. Aber wegen dieses einmaligen Falles kannst Du uns doch nicht den Hof wegnehmen! Und so ging es immer weiter, von kleinen Gebeten unterbrochen, wenn sie sich zu weit vorgewagt hatte, bis sie schließlich Gott bat, seine Hand weiterhin schützend über sie und den Großvater zu legen, wie sie ihm auch hoch und heilig versprach, seinen Namen in Ehren zu halten. Und als Schlusswort sprach sie jede Nacht die Bitte aus, Gott der Herr möge, unabhängig von dem, was er mit ihr vorhabe, ihrem Enkel seine Liebe nicht versagen. Bei diesen Worten blieb mir jedes Mal vor Schreck die Luft weg, weil ich immer Angst davor hatte, mit Gott persönlich in direkten Kontakt treten zu müssen. Und über der Frage, ob ich ihn überhaupt erkennen würde, wenn er mir entgegenkäme, schlief ich regelmäßig ein.«

»Ich wurde zur Schule gebracht, um Lesen und Schreiben zu lernen, Dinge, deren Nutzen ich armes Kind nicht kannte. Trotzdem bekam ich Schläge, jedes Mal, wenn ich faul im Lernen war. Gott, mein Gott, welches Elend habe ich dort erlebt, und wie bin ich betrogen worden. Aber, Herr, ich traf auch Menschen, die zu dir beteten, und von ihnen lernte ich in schwacher Fühlung, so gut es eben ging, dass du jemand Großer seiest, der uns, auch ohne unseren Sinnen gegenwärtig zu sein, erhören und uns helfen kann. Schon als Knabe fing ich an, zu dir zu beten, meine Hilfe und Zuflucht, und ich brach mir für eine Anrufung fast die Zunge, und ich betete, ich, der Kleine, mit nicht kleiner Inbrunst, ich möchte doch in der Schule nicht geschlagen werden.«

Aurelius Augustinus (354 bis 430),
antiker Theologe und Bischof

KANN MAN DAS BETEN VON ANDEREN LERNEN?

Mit dem Gebet ist es wie mit der Kunst: Man kann es anderen nicht erklären, aber man kann es zeigen. Man kann andere spüren lassen, wie sich ein schönes Gebet anhört und anfühlt. Das ist die Aufgabe der Älteren. Sie sollten den Jüngeren keine Vorträge halten, sondern ihnen das Beten so vorleben, dass diese Lust gewinnen, es selbst einmal zu versuchen.

Wie dies gelingen kann, hat Aharon Appelfeld in seinem Buch ›Geschichte eines Lebens‹ beschrieben. Darin erzählt der große israelische Schriftsteller die Geschichte seines Lebens.

Im Jahr 1932 wurde er geboren, er wuchs auf in Czernowitz in der Bukowina, als einziges Kind einer liebevollen Familie assimilierter Juden. Der Zweite Weltkrieg zerstörte die Welt seiner Kindheit. Seine Eltern wurden getötet, er floh als Waisenkind aus dem Getto, überlebte die nationalsozialistische Judenverfolgung in den Wäldern der Ukraine, schlug sich allein durch, bis er endlich in Israel eine neue Heimat fand. Ein furchtbares Schicksal.

Zu den wenigen glücklichen Momenten dieses Lebens gehört Appelfelds Zeit mit seinem Großvater. Momente, die er bis heute erinnert: Als kleines Kind hatte er ihn oft in seinem Dorf besucht und war mit ihm, dem frommen Juden, zum Gebet in die kleine Synagoge gegangen. In der ›Geschichte eines Lebens‹ erzählt er davon:

»Großvater ist hochgewachsen und schlank und redet nur selten. In aller Frühe geht er beten, und wenn er vom Gebet zurückkommt, stehen auf dem Tisch Gemüse, Käse und Spiegeleier. Großvater breitet sein Schweigen über uns alle. Er schaut uns nicht an, und wir schauen ihn nicht an, doch am Freitagabend wird sein Gesicht weich. Großmutter bügelt ihm ein weißes Hemd, und wir gehen in die Synagoge.

Der Weg in die Synagoge ist lang und voller Wunder. Großvater geht und schweigt, aber sein Schweigen macht dir keine Angst. Wir gehen und halten alle paar Minuten inne. Einen Moment glaube ich, er wolle mir etwas zeigen und dazu sagen, wie es heißt. Aber nein. Großvater schweigt weiter, und was seinem Mund entschlüpft, wird verschluckt und ist kaum verständlich. Diesmal sagt er ein paar Wörter, die ich verstehe. Gott, sagt er, sei im Himmel, und wir müssten uns nicht fürchten. Die Handbewegungen, die seine Worte begleiten, sind klarer als die Worte selbst.

Großvaters Synagoge ist klein und aus Holz gebaut. Bei Tageslicht sieht sie aus wie eine Kapelle am Weg, aber sie ist länger, hat keine Kreuzesbilder und keine Opfergaben auf den Borden. Der Eingang ist sehr niedrig, und Großvater beugt sich tief nach unten, geht hinein, und ich folge ihm. Hier erwartet uns eine Überraschung: In zwei Sandkistchen stecken viele gelbe Kerzen und verbreiten ein nach Wachs duftendes Licht.

Das Gebet ist still, kaum zu hören. Großvater betet mit geschlossenen Augen; das Licht der Kerzen zittert auf seiner Stirn. Alle sind ins Gebet versunken. Ich nicht. Ich weiß nicht, warum, aber ich muss an die Stadt denken, an die feuchten Straßen nach dem Regen. Im Sommer gibt es plötzliche Regenschauer, und Vater zerrt mich durch enge Gassen von einem Platz zum anderen. Vater geht nicht in die Synagoge. Vater ist ganz versessen auf Natur, auf ungewöhnliche Gebäude, Kirchen, Kapellen und Kaffeehäuser, in denen man den Kaffee in dünnen Tässchen serviert.

Großvater unterbricht mein Phantasieren. Er beugt sich zu mir herunter und zeigt mir das Gebetbuch. Die Blätter sind vergilbt, die großen schwarzen Buchstaben stehen ein bisschen hervor. Alle Bewegungen hier sehen bedächtig und geheimnisvoll aus. Ich verstehe nichts. Einen Augenblick scheint mir, als erwachten die Löwen über dem Toraschrein und würden gleich losspringen. Das Gebet fließt leise dahin. Manchmal steigt eine Stimme lauter werdend auf und zieht das Flüstern mit. Dies ist das Haus Gottes. Die Menschen kommen hierher, um ihn zu spüren. Nur ich weiß nicht, wie man zu ihm spricht. Wenn ich im Gebetbuch werde lesen können, werde auch ich Wunder und Geheimnisse sehen, doch bis es so weit ist, muss ich mich vor Gott verstecken, damit er meine Unwissenheit nicht sieht.

Der Vorbeter liest die Gebete und hüpft dabei, neigt sich nach rechts und nach links. Er steht etwas näher am Toraschrein als die anderen und versucht, Gott zu beeinflussen. Die anderen fügen sich aufrecht in den Willen Gottes.

Indessen sind die Kerzen in den Kistchen heruntergebrannt. Die Leute legen ihre Gebetsmäntel ab. Aus ihren Augen schaut ein stummes Staunen, als hätten sie etwas verstanden, was sie vorher nicht wussten.

Das Hinausgehen dauert lange. Zuerst gehen die Greise, dann die anderen. Ich möchte schon im Freien sein. Da ist frische Luft, und die Leute reden miteinander und nicht mit Gott.

Wieder machen wir uns auf den Weg. Großvater summt ein Gebet, aber es klingt anders, nicht so angestrengt. Am Himmel stehen viele Sterne und gießen ihr Licht über uns aus. Großvater sagt, zur Synagoge gehe man schnell, doch auf dem Rückweg nehme man sich Zeit. Ich verstehe nicht, warum, frage aber auch nicht nach. Ich habe schon bemerkt: Großvater mag weder Fragen noch Erklärungen. Immer wenn ich frage, herrscht Schweigen, und wenn die Antwort endlich kommt, ist sie kurz. Jetzt stört mich das nicht mehr. Jetzt habe auch ich gelernt zu schweigen und lausche den leisen Stimmen, die mich umgeben. Anders als in der Stadt sind die Geräusche hier vielfältig, aber leise, obgleich manchmal der schrille Schrei eines Vogels aus dem Dunkel dringt und die Stille erschüttert.

Wir gehen etwa eine Stunde, und kurz vor dem Haus kommt uns Großmutter entgegen: auch sie ist weiß gekleidet. Mutter und ich tragen unsere gewöhnlichen Sachen. Der Segen und die Mahlzeit ist ein einziges Gebet und Stille. Nur wir vier warten, dass Gott kommt.«

Aharon Appelfeld

Stoßgebete

Erbarme Dich!

Was soll ich tun?

Bleibe bei mir!

Hast Du mich vergessen?

Hilf mir!

Ich rufe Dich. Erhöre mich!

Hilf meinem Unglauben!

WIE LAUTETE DAS ERSTE GEBET?

Leider war niemand dabei, als der erste Mensch das erste Gebet sprach, um für die Nachwelt festzuhalten, was er sagte. Vermutlich waren die frühesten Gebete spontane Bittgebete, Schreie um Hilfe. Sie wurden wahrscheinlich nicht von einem Einzelnen, sondern von einer Menschengruppe gemeinsam ausgestoßen. Not lehrt Beten. Die ursprünglichen Anlässe für das Gebet dürften konkrete Bedrohungen gewesen sein: eine Dürre oder Flut, eine Hungersnot oder Seuche, ein Sturm oder Feind. Für Frauen kam die Not der Unfruchtbarkeit hinzu. Denn Kinderlosigkeit galt als große Schande.

Das Notbeten ist immer verknüpft mit starken Gefühlen: mit Angst, Zorn, Hass, Kummer und Sorge. In solchen heißen Bittgebeten zeigt sich, wie bedroht das Leben des Menschen ist, aber auch wie stark sein Lebenswille sein kann. Er lässt sich durch die Bedrohung nicht niederdrücken, er versinkt nicht in seiner Angst, sondern streckt sich über alle Not hinweg einem Göttlichen entgegen und schwingt sich zu großer Hoffnung auf. Darin liegt eine große Seelenkraft.

Es scheint, dass sich die ersten spontanen Hilferufe in der weiteren Geschichte des Betens zu regelmäßigen Bittgebeten entwickelten. Denn das Leben des frühen Menschen war nicht nur durch plötzliche Unglücksfälle bedroht. Vielmehr gab es immer wieder Schwellen zu überwinden, die Angst einflößten: die Schwellen vom Licht des Tages zur Dunkelheit der Nacht, vom

Schlaf zum Wachsein, von einem Jahr zum anderen, von der Aussaat bis zur Ernte, von der Schwangerschaft zur Geburt. Diese Schwellen überschritt man am besten mit einem Bittgebet auf den Lippen. Und wenn man sie erfolgreich genommen hatte, dankte man für die friedliche Nacht, das frische Sonnenlicht am Morgen, die gute Ernte, das gesunde Kind. So scheint aus dem Bittgebet allmählich das Dankgebet erwachsen zu sein.

»Der Vogel ist Vogel,

wenn er singt,

die Blume ist Blume,

wenn sie blüht,

der Mensch ist Mensch,

wenn er betet.«

Sprichwort

WENN DU ANGST HAST …

(nach Psalm 23)

Du bist mein guter Hirte,
mir wird nichts fehlen.
Du weidest mich auf einer grünen Wiese
und führst mich zum frischen Wasser.
Du erfrischst meine Seele
und leitest mich auf einem geraden Weg.
Und wenn ich hinab muss in ein finsteres Tal,
fürchte ich kein Unglück.
Denn Du bist bei mir,
Deine Hand und Stimme trösten mich.
Du deckst mir einen reichen Tisch
und schenkst mir voll ein.
Gutes wird mir folgen mein Leben lang,
und ich bleibe in Deinem Haus alle Zeit.

WELCHE FORMEN DES BETENS GIBT ES?

Es gibt so viele unterschiedliche Arten zu beten, wie es betende Menschen gibt. Dennoch lassen sich vier Grundformen des Betens ausmachen. Die erste ist die *Bitte*, in welcher der Mensch seinen Gott um Hilfe ersucht. Die zweite ist die *Klage*, in welcher der Mensch seinem Gott seine Nöte schildert und seiner Verzweiflung Luft macht. Die dritte ist der *Dank*, in welchem der Mensch seinem Gott von seiner Freude über die gewährte Hilfe berichtet und ihm Dank abstattet. Die vierte ist das *Lob*, in welchem der Mensch die Größe, Güte und Schönheit seines Gottes preist und feiert.

Bittgebet der afrikanischen Massai

Gott meines Elends,
gib mir Essen, gib mir Essen,
gib mir Milch,
gib mir Kinder,
gib mir viele Rinder,
gib mir Fleisch, mein Vater!

Indianisches Jagdgebet

Guter Geist,
gib Büffel,
Büffel, Büffel,
dicke Büffel
gib uns, guter Geist!

Bittgebet der karibischen Tambu

Gott hilf uns, wir wissen nicht,
ob wir morgen noch leben,
wir sind in Deiner Hand.

Tischgebete

Alle guten Gaben,
alles, was wir haben,
kommt, o Gott, von Dir.
Wir danken Dir dafür.

Komm, Herr Jesu, sei Du unser Gast,
und segne, was Du uns bescheret hast.

Danket, danket dem Herrn,
denn er ist sehr freundlich,
seine Güt' und Wahrheit
bleiben ewiglich.

WER DARF BETEN?

Es ist keineswegs selbstverständlich, dass jeder unmittelbar Kontakt mit Gott aufnehmen kann. In der Frühzeit der Religionsgeschichte war dies – nach allem, was wir wissen – häufig dem Familienvater, dem Sippenoberhaupt, dem Priester oder Schamanen vorbehalten. Beten war also vor allem Männersache, genauer gesagt das Privileg einiger mächtiger Männer. Erst nach einer langen Entwicklungsgeschichte der Religionen war es allen Menschen, auch Frauen oder sogar Kindern, erlaubt, direkt zu Gott beten zu dürften. Vor allem die großen monotheistischen Religionen – allen voran das Judentum, dann das Christentum und der Islam – haben eine weitgehende Demokratisierung des Gebets bewirkt. Gläubige vieler Religionen sehen heute wie selbstverständlich in Gott den Vater aller Menschen. Darum dürfen alle, egal welchem Alter, Geschlecht oder welcher gesellschaftlichen Schicht sie angehören, zu ihm sprechen.

Morgengebet eines gefangenen Widerstandskämpfers

Gott, zu dir rufe ich am frühen Morgen
hilf mir beten und meine Gedanken sammeln;
ich kann es nicht allein.

In mir ist es finster, aber bei dir ist das Licht
ich bin einsam, aber du verläßt mich nicht
ich bin kleinmütig, aber bei dir ist die Hilfe
ich bin unruhig, aber bei dir ist Frieden
in mir ist Bitterkeit, aber bei dir ist die Geduld
ich verstehe deine Wege nicht, aber du weißt [den]
    rechten Weg für mich.

Vater im Himmel,
Lob und Dank sei dir für die Ruhe der Nacht
Lob und Dank sei dir für den neuen Tag
Lob und Dank sei dir für alle deine Güte und Treue
in meinem vergangenen Leben.
Du hast mir viel Gutes erwiesen,
laß mich nun auch das Schwere aus deiner Hand
    hinnehmen.
Du wirst mir nicht mehr auflegen, als ich tragen kann.
Du läßt deinen Kindern alle Dinge zum besten dienen.

Dieses Gebet verfasste der evangelische Theologe Dietrich Bonhoeffer (1906 bis 1945), der wegen seiner Konspiration gegen das nationalsozialistische Regime inhaftiert worden war.

Abendgebet

Ich danke Dir, mein himmlischer Vater,
durch Jesum Christum, Deinen lieben Sohn,
dass Du mich diesen Tag gnädiglich behütet hast,
und bitte dich, Du wolltest mir vergeben
alle meine Sünde, wo ich Unrecht getan habe,
und mich diese Nacht gnädiglich behüten.
Denn ich befehle mich,
meinen Leib und Seele und alles in Deine Hände.
Dein heiliger Engel sei mit mir,
dass der böse Feind keine Macht an mir finde.

(Alsdann flugs und fröhlich geschlafen.)

Martin Luther (1483 bis 1546), deutscher Reformator

WO BETET ES SICH AM BESTEN?

In den Religionen der menschlichen Früh-
geschichte war das Gebet sehr oft an einen besonderen
Ort gebunden. Das konnte ein Baum sein oder ein
Berggipfel, ein Grab, ein Haus oder ein Tempel. Wer
heute ein Land besucht, in dem der traditionelle Ka-
tholizismus noch stark ist, kann beobachten, dass viele
Menschen sich bekreuzigen, wenn sie an einer Kirche
vorbeigehen. Damit erweisen sie diesem heiligen Ort
und Gott, der in ihm angebetet wird, ihre Reverenz. In
vielen Religionen und Weltgegenden unternimmt man
sogar lange und entbehrungsreiche Wallfahrten, um
seine Gebete an einem besonderen Ort zu sprechen.

Nach der Lehre der großen monotheistischen Religionen aber − des Judentums, des Christentums oder
des Islams − braucht Gott kein festes Haus und keinen
speziellen Platz. Gott ist überall. Da man aber glaubt,
dass er sich in einigen Städten, wie etwa Jerusalem oder
Mekka, besonders deutlich gezeigt hat, spricht man das
Gebet in die Himmelsrichtung, in der diese Städte
liegen: Muslime beten Richtung Mekka, Juden Richtung Jerusalem. Ein Rest von dieser Vorstellung findet
sich auch in der Architektur christlicher Kirchen. Der
Altar, zu dem hin die Gebete gesprochen werden, ist
normalerweise »orientiert«, also an der Ostseite der
Kirche. Denn der Osten steht für das Aufgehen der
Sonne und ist ein Zeichen für die Auferstehung Jesu
Christi.

In der Religionsgeschichte hat es immer wieder

auch Bewegungen gegeben, die lehrten, man solle sich zum Gebet in die Einsamkeit zurückziehen. So gingen viele christliche Mönche der Antike in die Wüste. Sie taten dies aber nicht, weil es dort so schön ruhig und angenehm menschenleer gewesen wäre, sondern weil man glaubte, dass in dieser lebensfeindlichen Umgebung Dämonen wohnten, gegen die man mit seinen Gebeten kämpfen musste. So zog auch Jesus in die Wüste, nicht um ungestört von seinen Jüngern, Zuhörern und Verehrern zu sein, sondern um mit dem Teufel zu ringen.

Heute dagegen suchen viele Westeuropäer nach Orten der Stille, um zu sich zu kommen und zu Gott zu sprechen. Sie suchen zum Beispiel offene Kirchen auf, weil sie dem allgemeinen hektischen und lauten Getriebe des modernen Alltags entfliehen wollen.

Auch wenn es darüber keine Statistik gibt, ist zu vermuten, dass die meisten Menschen ihre Gebete an einem sehr stillen und privaten Ort verrichten, nämlich vor dem Einschlafen in ihrem eigenen Bett.

»Ich stand alle Morgen vor Sonnenaufgang auf und erstieg durch ein nahes Gesträuch einen angenehmen Weg, der über den Weinbergen ging und längs der Berge bis Chambery führte. Hier betete ich im Gehen, nicht bloß mit einem leeren Stammeln der Lippen, sondern mit einer wahren Erhebung des Herzens zu dem Schöpfer dieser schönen Natur, deren Reize vor meinen Augen ausgebreitet lagen. Nie habe ich gern in meinem Zimmer beten mögen; es ist mir, als wenn die Mauern und alle die kleinen Menschenwerke sich zwischen Gott und mich stellten. Ich betrachte ihn in seinen Werken, während mein Herz sich zu ihm erhebt.«

Jean-Jacques Rousseau (1712 bis 1778),
französischer Philosoph

Schroffe, warme Steine

Schroffe, warme Steine,
Thymianduft, ein Flirren
in der Luft, die Mücken schwirren –
Gott ist hier und nirgends,
überall sind Spuren
seines Fehlens, weite Fluren,
braches Land,
Kraterrand,
wo die Echos hallen,
Worte uns entfallen.

Dämmrig liegt das Flußbett
wie ein Schriftzug, Lippen
staubverkrustet, Gräser wippen –
Zeichen, windgeschrieben,
wollten etwas sagen?
Doch, wo eben Hänge lagen
und der Damm,
Eschenkamm,
kann ich nichts mehr sehen,
keinen Weg verstehen.

Luft, die alles füllet,
Leere ohne Namen,
unbemerkt verwehter Samen,
nur ein langes Warten,
wo nichts ist, und rennen
durch Geröll, ich kann nicht nennen,
was ich sah:
»Du bist nah,
Höhlung voller Wasser,
Talgrund, immer blasser.«

(Flußbett im August; nach: Du bist gegenwärtig«)

Christian Lehnert (*1969), deutscher Dichter

Dieses Gedicht lässt sich auch singen, und zwar nach der Melodie des klassischen Chorals »Gott ist gegenwärtig« von Gerhard Tersteegen aus dem Jahr 1729.

Sonntags dachte ich an Gott

sonntags dachte ich an gott wenn wir
mit dem autobus die stadt bereisten.
am löschteich an der strasse stand

ein trafohaus & drei & vierzig
kabel kamen aus der luft in dieses
haus aus hart gebrannten ziegelsteinen; dort

im trafo an der strasse wohnte gott. ich sah
wie er in seinem nest aus kabel enden
hockte zwischen seinen ziegelwänden

ohne fenster dort am grund
im dunkel an der strasse hinter
einer tür aus stahl

saß der liebe gott; er war
unendlich klein & lachte
        oder schlief

Lutz Seiler (*1963), deutscher Dichter

WENN DU IM FREIEN BIST ...

(nach Psalm 36)

Deine Güte reicht, so weit der Himmel ist,
und Deine Wahrheit geht, so weit die Wolken fliegen.
Deine Gerechtigkeit steht so fest wie die Berge,
und Deine Liebe fließt so frei wie das Meer.
Du hilfst Menschen, Tieren, Pflanzen,
und wir finden Zuflucht unter Deinen Flügeln.
Wir werden satt von Deinen Gaben,
und Du tränkst uns mit Deiner Freundlichkeit.
Bei Dir ist die Quelle des Lebens,
und in Deinem Licht sehen wir das Licht.

Wallfahrtsgebet

Ich suche Zuflucht bei Dir vor dem Unglauben,
vor der Armut und vor der Pein des Grabes.
Ich bitte Dich um Vergebung und um Schutz in der
    Religion,
im Diesseits und im Jenseits.
Unser Herr, schenke uns im Diesseits Gutes
und auch im Jenseits Gutes,
und bewahre uns vor der Pein des Feuers.

Dieses Gebet sprechen Muslime nach einer langen Tradition auf ihrer Wallfahrt nach Mekka.

Der muslimische Gebetsruf

Allah ist der Größte.
Allah ist der Größte.
Allah ist der Größte.
Allah ist der Größte.

Ich bezeuge, dass niemand der Anbetung würdig ist
  außer Allah.
Ich bezeuge, dass niemand der Anbetung würdig ist
  außer Allah.

Ich bezeuge, dass Mohammed der Gesandte Gottes ist.
Ich bezeuge, dass Mohammed der Gesandte Gottes ist.

Eilt zum Gebet!
Eilt zum Gebet!
Eilt zum Heil!
Eilt zum Heil!

Allah ist der Größte.
Allah ist der Größte.
Es gibt nichts Anbetungswürdiges außer Allah.

*Fünfmal am Tag ruft der Muezzin die Muslime mit diesen
Worten zum Gebet in die Moschee.*

Segensgebet vor einer Reise

Der Herr sei vor dir,
um dir den rechten Weg zu zeigen.
Der Herr sei neben dir,
um dich in die Arme zu schließen
und dich zu schützen.
Der Herr sei hinter dir,
um dich zu bewahren
vor der Heimtücke böser Menschen.
Der Herr sei unter dir,
um dich aufzufangen, wenn du fällst,
und dich aus der Schlinge zu ziehen.
Der Herr sei in dir,
um dich zu trösten,
wenn du traurig bist.
Der Herr sei um dich herum,
um dich zu verteidigen,
wenn andere über dich herfallen.
Der Herr sei über dir,
um dich zu segnen.
So segne dich der gütige Gott.

Aus Irland

WAS SOLL MAN SICH ZUM BETEN ANZIEHEN?

Es gibt frühe Religionen, in denen man sich zum Gebet auszog, also die Kopfbedeckung abnahm, die Schultern, den Oberkörper oder gar den ganzen Körper entblößte, um in »heiliger Nacktheit« vor Gott zu treten. Ein letzter Rest davon findet sich in der christlichen Sitte, dass Männer ihren Hut abnehmen, bevor sie eine Kirche betreten.

In den meisten Religionen aber ist es genau andersherum: Man verhüllt sich zum Gebet, man bedeckt vor allem den Kopf. Deshalb tragen fromme Juden stets einen Hut oder eine »Kippa«, eine kleine randlose Mütze. Aber generell wird vielerorts auf eine möglichst vollständige Bekleidung geachtet. In Südeuropa erregt es zum Beispiel Anstoß, wenn nordeuropäische Touristen mit Strandkleidung in Kirchen marschieren. Darauf sollte man Rücksicht nehmen, denn richtige Bekleidung ist ein Zeichen dafür, dass man diesen Raum und die Gebete, die hier gesprochen werden, achtet. Es ist angemessen, wenn Gläubige sich aus Ehrfurcht vor Gott bedeckt halten.

Problematisch aber wird es, wenn nur für Frauen besonders strenge Kleidungsvorschriften aufgestellt werden. Das ist in einigen sehr konservativen Kulturen der Fall. Hier müssen Frauen sich hinter schwarzen Gewändern verbergen, weil die Religionshüter und Sittenwächter befürchten, der Anblick von unverschleierten Frauen könnte die Männer auf unfromme Gedanken bringen. Wenn Männer sich beim Gebet nicht konzentrieren können, dann sollten nicht die Frauen sich verhüllen. Gerechter wäre es, wenn die Männer sich Scheuklappen aufsetzten.

Eine andere Frage ist, ob man sich für das Gebet, vor allem für das gemeinsame Gebet im Gottesdienst, fein machen sollte. In Deutschland war dies in den Siebzigerjahren des vergangenen Jahrhunderts aus der Mode gekommen. Der »Sonntagsstaat«, die besondere Kleidung, die man traditionellerweise nur für den sonntäglichen Kirchgang anzog, wurde abgeschafft und man ging in Jeans und T-Shirt in die Kirche, weil man sich dadurch weniger steif und eingeengt fühlte.

Wer heute an einem Sonntag mit offenen Augen durch eine deutsche Großstadt geht, wird außerordentlich aufwendig angezogenen Afrikanern begegnen: Die Frauen haben kunstvolle Frisuren und herrlich farbige Kleider, die Männer sind elegant ausstaffiert und auch die Kinder sind herausgeputzt. Diese Einwanderer, die zumeist alles andere als wohlhabend sind, nähern sich dem Höhepunkt ihrer Woche, dem Gottesdienst. Da wollen sie schön sein – für sich selbst und für Gott.

»Ein einziger dankbarer Gedanke

gen Himmel

ist das vollkommenste Gebet.«

Gotthold Ephraim Lessing (1729 bis 1781),

deutscher Dichter

WENN DU VERLIEBT BIST ...

*(Nach Versen des Hoheliedes
aus dem Alten Testament
und des Kolosserbriefs
aus dem Neuen
Testament)*

Sieh, meine Liebe ist schön,
sehr schön ist meine Liebe.
Ihre Lippen sind scharlachrot,
und ihr Mund ist lieblich.
Meine Liebe ist köstlicher als Wein
und süßer als Honig.
Sie ist ein Garten voll edler Früchte
und ein Brunnen voll lebendigen Wassers.
Die Liebe ist stark wie der Tod,
Leidenschaften sind unwiderstehlich wie das
    Totenreich.
Ihre Glut ist feurig,
sie ist eine Flamme von Dir.
Alle Wasser können sie nicht auslöschen,
und alle Ströme können sie nicht ertränken.
Du legst die Liebe über uns wie ein Kleid,
sie ist das Band der Vollkommenheit.

? WAS MACHT DER KÖRPER BEIM BETEN?

Es ist ein westeuropäisches Missverständnis, dass das Beten eine rein spirituelle Angelegenheit sei, die mit Körperlichkeit nichts zu tun haben darf. Natürlich, wenn das Beten ein inneres Gespräch mit Gott und eine Besinnung auf den Kern des Lebens ist, dann verlangt dies besondere Konzentration. Doch sie stellt sich am ehesten ein, wenn auch der Körper sich bereitmacht. Dazu kann er die unterschiedlichsten Haltungen annehmen und Dinge tun.

Die ursprünglichsten Bewegungen in der Geschichte des Betens sind Gesten des Grüßens und der Huldigung. Man erhebt die Arme zu Gott. Man verbeugt sich vor ihm oder wirft sich vor ihm auf den Boden. In den orthodoxen Kirchen Osteuropas ist es üblich, dass sich die Gläubigen immer und immer wieder – zum Beispiel, wenn besonders heilige Wörter gesprochen werden – bekreuzigen und dabei tief verneigen. Dies hat einen guten Nebeneffekt: Die Gläubigen, die den zwei bis drei Stunden langen Gottesdienst stehend überstehen müssen – in orthodoxen Kirchen gibt es keine Sitzgelegenheiten –, können so ihre Körperglieder lockern. In den katholischen Kirchen, in denen es bekanntlich Bänke gibt, verbeugt man sich nicht, aber man kniet nieder. In Moscheen, in denen man kniend auf dem Boden sitzt, beugt man sich regelmäßig zum Boden nieder. Und in den protestantischen Kirchen, in denen man weder kniet noch sich niederbeugt oder gar auf den Boden wirft, neigen viele zumindest beim Beten den Kopf leicht nach vorn.

Der wichtigste Körperteil beim Beten sind die Hände. Sie sind es ja auch, die den größten Teil der Alltagsarbeit leisten. Wenn der Mensch also aus dem Alltag heraustreten und sich in die Welt des Gebets begeben möchte, müssen seine Hände eine andere Aufgabe erhalten. In den frühen Religionen klatschte man, schlug sich an die Brust oder den Kopf, zerraufte sich die Haare, beklopfte die Erde, umfing und streichelte die Götterbilder, erhob die Waffen zum Himmel oder warf Kusshände nach oben. Alle diese Handbewegungen grüßten den angebeteten Gott und zeigten ihm, dass man sich für ihn öffnete.

Im Christentum geht es weniger bewegt zu, aber auch hier nehmen die Hände beim Beten eine besondere Haltung ein. Sie werden aneinandergelegt oder gefaltet. Damit zeigt der Betende, dass er sein Tagewerk ruhen lässt und sich innerlich sammelt. Eine schöne Besonderheit, die im Protestantismus leider verdrängt wurde, ist das Bekreuzigen. Indem der Betende mit der rechten Hand das Kreuz auf seinem Körper nachzeichnet, macht er sich zu einem Abbild des angebeteten Jesus Christus.

Doch auch wenn man sich in den christlichen Ländern Westeuropas daran gewöhnt hat, dass es beim Beten ruhig zugeht, sollte man nicht vergessen, was für eine schweißtreibende Beschäftigung das Beten in vielen anderen Regionen und Religionen der Welt ist. In den archaischen Religionen wird beim Beten sehr oft getanzt. In den mystischen Gemeinschaften des Islams, etwa bei den türkischen Derwischen, drehen die Beter sich so lange im Kreis, bis sie in einen Zustand des Schwebens geraten. Und bei den frommen Juden ist es üblich, sich beim Beten ununterbrochen vor und zu-rück zu bewegen. Hier wird fast jeder Muskel bewegt, der ganze Körper betet.

Für denjenigen, der einen eigenen Zugang zum Ge-bet sucht, gibt es keine festen Regeln, was er mit seinem Körper zu tun hat. Aber es ist wichtig, für sich selbst eine angemessene Körperhaltung zu finden. Da-für sollte man ruhig ein wenig experimentieren.

»Einmal lud ein reicher Mann Franziskus von Assisi ein, in seinem Haus zu übernachten. Er wollte damit dem heiligen Bettler und Obdachlosen nicht allein etwas Gutes tun, sondern er hatte zugleich die Absicht, ihn beim Beten zu belauschen. Denn er hatte Wunderdinge über die nächtlichen Gebete des Franziskus gehört. Als die Nacht gekommen war und alle sich in ihre Kammern zurückgezogen hatten, schlich der Reiche zur Tür des Franziskus. Doch zu seiner unendlichen Enttäuschung musste er entdecken, dass Franziskus die ganze Nacht hindurch immer nur dieselben fünf Wörter wiederholte: ›Mein Gott und mein alles!‹«

Alte Franziskus-Legende

**WENN DU EINFACH
NUR GLÜCKLICH BIST ...**

(nach Psalm 96 und 98)

Ich singe Dir ein neues Lied,
ich singe es Dir mit der ganzen Welt.
Denn Du bist sehr groß
und tust so viele Wunder.
Der Himmel freue sich mit mir,
und die Erde sei glücklich wie ich.
Das Meer soll brausen
und die Ströme jubeln.
Die Berge sollen jauchzen
und die Täler frohlocken.
Die Felder sollen lachen
und die Bäume in die Hände klatschen.
Denn Du kommst
und bringst Wahrheit und Gerechtigkeit.

BRAUCHT MAN ZUM BETEN BESTIMMTE WERKZEUGE?

Auch beim Beten war der Mensch von früh an sehr erfinderisch. So wie er für die Nahrungsbeschaffung, das Wohnen oder den Krieg Werkzeuge baute, so entwickelte er auch Instrumente, die ihm beim Beten helfen sollten. Im östlichen Asien findet man in Tempeln Gebetsmühlen. Das sind große Trommeln, auf die Gebete geschrieben sind und die nur gedreht werden müssen, damit das Gebet »in Gang kommt«. Oder man stellt auf freiem Feld Gebetsfahnen auf, damit der Wind die Gebete, die auf diese Fahnen geschrieben sind, in den Himmel trägt.

Auch im modernen Europa kommt man ganz ohne Gebetswerkzeuge nicht aus. In Kirchen stehen Kerzen bereit, die man entzünden kann. Oder es liegen Fürbittenbücher aus, in die man seinen Dank und seine Wünsche schreiben kann. Auch für das persönliche Gebet zu Hause empfiehlt es sich, Dinge bereitzuhalten, die einem beim Beten helfen. Das kann eine Kerze sein oder ein Bild.

WAS HAT DER ROSENKRANZ MIT EINER ROSE ZU TUN?

Bei allem, was Konzentration erfordert, kann eine äußere Stütze nicht schaden. Wenn ein Gebet mehr sein soll als eine kleine Sammlung kurzer Bitten, wenn ein Beter sich wirklich ins Gebet versenken will, dann braucht er eine Hilfe, um zu verhindern, dass seine Gedanken ihre eigenen Wege gehen und sich zerstreuen. Deshalb gibt es in allen Religionen Gebetsschnüre und Gebetsketten. Sie sind wie ein Geländer für die Seele.

Die berühmteste Gebetskette ist der Rosenkranz der katholischen Kirche. Er heißt so, obwohl er weder ein Kranz ist noch aus Rosen besteht. Der Name dieser Kette leitet sich aus der Vorstellung her, die Gebete, die man mit ihrer Hilfe spricht, wären ein Kranz aus Rosen, mit dem der Betende Maria, der Mutter Jesu, der »Himmelsrose«, seine Verehrung erweist. Der Rosenkranz ist eng mit der Marienverehrung verbunden, wie sie in der katholischen Volksfrömmigkeit zum Teil immer noch gepflegt wird.

Der Rosenkranz besteht aus einer Kette mit insgesamt sechs großen und 53 kleinen Perlen. Der Betende nimmt die Kette in die Hand und folgt ihr im Verlauf des Rosenkranzgebets mit seinen Fingern, wobei er bei jeder Perle für ein bestimmtes Gebet Station macht.

Die Katholiken beginnen das Rosenkranzgebet damit, dass sie das
Kreuz (1) nehmen und das
Glaubensbekenntnis spre-
chen. Vor der ersten gro-
ßen Perle (2) rufen sie Gott
mit einem »Ehre sei dem
Vater und dem Sohn und
dem Heiligen Geist« an.
Dann wechseln sie zur ersten
großen Perle und beten ein Vaterunser. Es folgen drei kleine Perlen
(3), von denen jede für ein »Ave
Maria« steht. Das »Ave Maria« ist
das bekannteste Gebet, das zu Maria gesprochen wird. Es lautet:

Gegrüßet seist Du, Maria,
voll der Gnade,
der Herr ist mit Dir.
Du bist gebenedeit unter den Frauen,
und gebenedeit ist die Frucht Deines Leibes, Jesus.
Heilige Maria, Mutter Gottes,
bitte für uns Sünder, jetzt und in der Stunde unseres
    Todes. Amen.

Dieser Eingang wird mit einem weiteren »Ehre sei dem
Vater« bei der nächsten großen Perle (4) abgeschlossen.
Nun folgen fünf Abteilungen aus jeweils zehn kleinen
Perlen (5) für die weiteren »Ave Maria«-Gebete und

einer großen für das Vaterunser und das »Ehre sei dem
Vater«. Zum Schluss kann man noch das »Salve Regina«
beten. Es lautet:

Sei gegrüßt, o Königin,
Mutter der Barmherzigkeit;
unser Leben, unsere Wonne
und unsere Hoffnung, sei gegrüßt!
Zu Dir rufen wir verbannte Kinder Evas;
zu Dir seufzen wir
trauernd und weinend in diesem Tal der Tränen.
Wohlan denn, unsere Fürsprecherin,
wende Deine barmherzigen Augen uns zu
und nach diesem Elend zeige uns Jesus,
die gesegnete Frucht Deines Leibes!
O gütige, o milde, o süße Jungfrau Maria.

Der Rosenkranz ist ein meditatives Gebet. Während
der fünf Abschnitte bedenkt man ein Ereignis aus
dem Leben Jesu oder Marias, das sogenannte religiöse
Geheimnis. Ein vollständiges Rosenkranzgebet besteht
aus drei Rosenkränzen, dem Psalter. Sie werden nach
den jeweils meditierten Geheimnissen der Freuden-
reiche, der Schmerzhafte und der Glorreiche Rosenkranz genannt. Im jeweiligen Rosenkranz werden im
»Gegrüßet seist Du Maria« der einzelnen Abschnitte
nach dem »Jesus« folgende Geheimnisse meditiert,
d. h. mit den Worten eingefügt: »den Du, o Jungfrau ...«

»... vom Heiligen Geist empfangen hast«,

»... zu Elisabeth getragen hast«,

»... geboren hast«,

»... im Tempel aufgeopfert hast«,

»... im Tempel wiedergefunden hast«

im Freudenreichen Rosenkranz

»... der für uns Blut geschwitzt hat«,

»... der für uns gegeißelt worden ist«,

»... der für uns mit Dornen gekrönt worden ist«,

»... der für uns das schwere Kreuz getragen hat«,

»... der für uns gekreuzigt worden ist«

im Schmerzhaften Rosenkranz

»... der für uns von den Toten auferstanden ist«,

»... der in den Himmel aufgefahren ist«,

»... der uns den Heiligen Geist gesandt hat«,

»... der Dich, o Jungfrau, in den Himmel aufgenommen hat«,

»... der Dich, o Jungfrau, im Himmel gekrönt hat«

im Glorreichen Rosenkranz

Trotz dieser Variationen besteht der Sinn des Rosenkranzes darin, dass der Betende wieder und wieder dieselben Formeln spricht, um sich so aus seiner Alltagswelt zu lösen und seine Seele in Gott zu versenken. Nicht dass der Rosenkranz einen in eine Trance versetzt, aber gerade durch das monotone Wiederholen der immer gleichen Verse kann eine ganz eigene Gebetskonzentration entstehen. Diese Konzentration soll wohltuende Wirkung entfalten. So will eine Studie der Universität Pavia bewiesen haben, dass das regelmäßige Rosenkranzgebet dem Herz-Kreislauf-System guttut. Ein besonderer religiöser Nutzen besteht zudem darin, dass die katholische Kirche demjenigen, der das Rosenkranzgebet in der Kirche betet und vorher gebeichtet und die Kommunion empfangen hat, einen vollständigen Ablass verspricht, also den Erlass seiner Sündenstrafen. Es lohnt sich also.

Früher gehörte der Rosenkranz fest zur katholischen Kultur. Meine portugiesische Schwiegermutter etwa erinnert sich, dass noch in den Fünfziger- und Sechzigerjahren der Rosenkranz ganz selbstverständlich zu Hause gebetet wurde. Hatte die Großfamilie gemeinsam zu Abend gegessen, gingen die Kinder zu Bett, die Männer zogen sich ins Raucherzimmer zurück und sprachen über Politik oder Geschäfte, während die Frauen in einen anderen Raum gingen, um Handarbeiten zu erledigen und den Rosenkranz zu beten. Eine von ihnen hatte einen Rosenkranz und behielt den Überblick über den Gebetsverlauf, während die anderen mitsprachen, dabei aber stickten, häkelten und stopften. Das ist lange her und der Rosenkranz verliert deutlich an Beliebtheit. Inzwischen gibt es zwar schon einen virtuellen Rosenkranz, den man am Computer beten kann, dass dies zu einer Neubelebung der alten Gebetssitte des Rosenkranzes führen wird, darf aber bezweifelt werden.

Dagegen erfreut sich eine moderne und evangelische Variante des Rosenkranzes einer gewissen Beliebtheit.

Die »Perlen des Glaubens« wurden 1996 von einem schwedischen Bischof entwickelt und inzwischen nach Deutschland importiert. Die »Perlen des Glaubens« sind eine bunte, armbandgroße Perlenkette.

Jede der 18 Perlen trägt eine besondere Bedeutung und repräsentiert eine eigene Lebensfrage, die im Gebet vor Gott gebracht werden kann. So gibt es eine Gottesperle (1), eine Perle des Schweigens (2), eine Ich-Perle (3), eine Taufperle (4), eine Wüstenperle (5), eine Perle der Gelassenheit (6), Perlen der Liebe (7), Geheimnisperlen (8), eine Perle der Nacht (9) und eine Perle der Auferstehung (10). Im Unterschied zum Rosenkranz gibt es hier keine festen vorgegebenen Formulierungen. Der Vorteil der »Perlen des Glaubens« ist, dass man mit ihnen freie und individuelle Gebete sprechen kann. Dabei aber geht die konzentrierte, schöne und meditative Eintönigkeit des Rosenkranzes verloren.

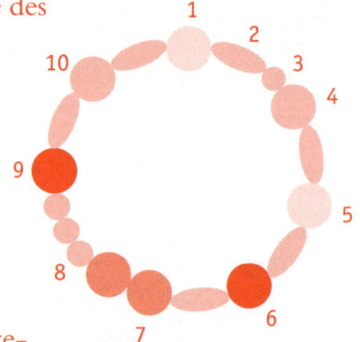

Lauretanische Litanei

Herr, erbarme Dich unser! – Herr, erbarme Dich!
Christus, erbarme Dich unser – Christus, erbarme Dich!
Herr, erbarme Dich unser! – Herr, erbarme Dich!
Christus, höre uns! – Christus, erhöre uns!
Gott Vater vom Himmel – erbarme Dich unser!
Gott Sohn, Erlöser der Welt – erbarme Dich unser!
Gott Heiliger Geist – erbarme Dich unser!
Heilige Dreifaltigkeit, ein einiger Gott – erbarme Dich unser!

Heilige Maria – bitte für uns!
Heilige Gottesgebärerin – bitte für uns!
Heilige Jungfrau der Jungfrauen – bitte für uns!
Mutter Christi – bitte für uns!
Mutter der göttlichen Gnade – bitte für uns!
Du reine Mutter – bitte für uns!
Du keusche Mutter – bitte für uns!
Du unversehrte Mutter – bitte für uns!
Du unbefleckte Mutter – bitte für uns!
Du liebenswürdige Mutter – bitte für uns!
Du wunderbare Mutter – bitte für uns!
Du Mutter des guten Rates – bitte für uns!
Du Mutter des Schöpfers – bitte für uns!
Du Mutter des Erlösers – bitte für uns!
Du weise Jungfrau – bitte für uns!
Du gütige Jungfrau – bitte für uns!
Du getreue Jungfrau – bitte für uns!
Du Spiegel der Gerechtigkeit – bitte für uns!

Du Sitz der Weisheit – bitte für uns!
Du Ursache unserer Freude – bitte für uns!
Du geistliches Gefäß – bitte für uns!
Du ehrwürdiges Gefäß – bitte für uns!
Du vortreffliches Gefäß der Andacht – bitte für uns!
Du geheimnisvolle Rose – bitte für uns!
Du Turm Davids – bitte für uns!
Du elfenbeinerner Turm – bitte für uns!
Du goldenes Haus – bitte für uns!
Du Arche des Bundes – bitte für uns!
Du Pforte des Himmels – bitte für uns!
Du Morgenstern – bitte für uns!
Du Heil der Kranken – bitte für uns!
Du Zuflucht der Sünder – bitte für uns!
Du Trösterin der Betrübten – bitte für uns!

Du Hilfe der Christen – bitte für uns!
Du Königin der Engel – bitte für uns!
Du Königin der Patriarchen – bitte für uns!
Du Königin der Propheten – bitte für uns!
Du Königin der Apostel – bitte für uns!
Du Königin der Märtyrer – bitte für uns!
Du Königin der Bekenner – bitte für uns!
Du Königin der Jungfrauen – bitte für uns!
Du Königin aller Heiligen – bitte für uns!
Du Königin, ohne Makel der Erbsünde empfangen –
    bitte für uns!
Du Königin, in den Himmel aufgenommen – bitte für
    uns!

Du Königin des heiligen Rosenkranzes – bitte für uns!
Du Königin des Friedens – bitte für uns!

Lamm Gottes, Du nimmst hinweg
die Sünden der Welt – Verschone uns, o Herr!
Lamm Gottes, Du nimmst hinweg
die Sünden der Welt – Erhöre uns, o Herr!
Lamm Gottes, Du nimmst hinweg
die Sünden der Welt – Erbarme Dich unser!

Bitte für uns, o heilige Gottesmutter,
auf dass wir würdig werden der Verheißungen Christi!

Lasset uns beten! Wir bitten Dich, o Herr, unser Gott:
Gib, dass wir, Deine Diener, uns ständiger Gesundheit
des Leibes und der Seele erfreuen, und dass wir durch
die glorreiche Fürsprache der seligen, allzeit reinen
Jungfrau Maria von der Trübsal dieser Zeit befreit werden und die ewigen Freuden genießen dürfen. Durch
Christus, unsern Herrn.

Amen.

*Traditionelles katholisches Kirchengebet. Es geht in seinen
Vorformen auf das 12. Jahrhundert zurück. Die heutige Fas-
sung stammt aus dem 16. Jahrhundert.*

WARUM BETEN MANCHE CHRISTEN VOR GEGENSTÄNDEN?

Der Mensch ist ein Augenwesen. Er will nicht nur hören, sondern auch sehen. Er lebt nicht allein von göttlichen Worten, sondern braucht auch etwas, das er anfassen und betrachten kann. Darum haben Christen schon sehr früh heilige Gegenstände gesammelt. Man nennt sie Reliquien, heilige Überbleibsel. Oft waren es kleine Bruchstücke, die Jesus selbst, seine Apostel oder die Heiligen hinterlassen haben: Gegenstände, die in ihrem Leben eine Rolle gespielt haben, aber auch Teile ihrer Körper. Eine uralte Geschichte erzählt von der Wunderkraft der Reliquien:

Als eine der ersten von den großen Damen des Römischen Reiches bekehrte sich Protonike, die Ehefrau des Kaisers Claudius, zum christlichen Glauben. Nachdem sie dem Heidentum abgeschworen hatte, machte sie sich gemeinsam mit ihren beiden Söhnen und ihrer Tochter auf zu einer Pilgerfahrt nach Jerusalem.

Als sie dort das Grab Christi besuchte, fand sie drei Kreuze darin. An einem hatte Jesus Christus sterben müssen, an den anderen waren die beiden Räuber zugrunde gegangen, die mit ihm hingerichtet worden waren. Gerade als Protonike das Grab betrat, fiel ihre Tochter tot um. Ohne Vorwarnung, ohne krank gewesen zu sein, ohne erkennbare Ursache. Die Kaiserin kniete nieder und betete zu Gott um Hilfe. Um sie zu trösten und aufzurichten, wies ihr Sohn sie auf die Kreuze hin: »Der Tod unserer Schwester kann kein Zufall sein. Sicherlich hat er einen geheimen Sinn. Sieh dir die drei Kreuze an. Wir wissen nicht, welches das Kreuz Christi ist. Der Tod unserer Schwester wird uns helfen, es herauszufinden.«

Die Kaiserin stand auf, hob eines der Kreuze auf und stellte es auf den Leichnam der Tochter. Dazu sprach sie ein Gebet. Dann wartete sie ein wenig. Doch nichts geschah. Sie nahm das zweite Kreuz, stellte es auf ihre tote Tochter, betete und wartete. Wieder vergeblich. Schließlich nahm sie das dritte Kreuz, stellte es auf den toten Körper, aber bevor sie ihr Gebet zu sprechen begann, wurde ihr Kind schon wieder lebendig. Die Tochter stand wie aus einem tiefen Schlaf auf. Die Mutter pries Jesus Christus und bekannte, dass er der lebendige Sohn Gottes sei.

Das dritte Kreuz wurde ehrenvoll aufbewahrt. Die Kaiserin ließ ein großes Gebäude über dem Grab Christi errichten, um es als Ort des Gebets zu schützen. Leider scheint dieses Gebäude wenig diebessicher gewesen zu sein. Denn das Kreuz muss sehr bald verloren gegangen oder gestohlen worden sein. Dafür aber tauchten im Laufe der Jahrhunderte an allen Enden der christlichen Welt so viele Kreuzsplitter auf, dass man aus ihnen einen ganzen Wald aus Kreuzen hätte bauen können.

WARUM BETEN MANCHE CHRISTEN VOR BILDERN?

Neben den Reliquien, welche in der katholischen Westkirche ebenso gesammelt und verehrt wurden wie in der orthodoxen Ostkirche, entwickelte sich im östlichen Teil des Römischen Reiches in der Antike ein sehr eigener Kult heiliger Bilder, die man Ikonen nennt. Sie galten als Abbilder Gottes. Orthodoxe Christen verrichten viele ihrer Gebete vor ihnen, weisen aber zugleich sehr nachdrücklich darauf hin, dass sie – anders als heidnische Götzendiener – nicht diese Bildnisse selbst anbeten, sondern nur den ewigen und unsichtbaren Gott, der auf ihnen abgebildet ist. Als »Ur-Ikone« gilt das legendäre Schweißtuch, mit dem Jesus Christus auf seinem Weg zum Kreuz abgetrocknet wurde und auf dem sich wunderbarerweise der Abdruck seines Gesichts erhalten hat.

Eine uralte Geschichte erzählt von der Wundermacht dieser Ur-Ikone: Einmal kam der Apostel Thaddäus auf einer seiner Wanderungen in die Nähe der Stadt Edessa. Da kam ihm ein Lahmer entgegengekrochen. Der rief: »Erbarme dich meiner!« Der Apostel aber trug das Leintuch Christi mit sich. Mit dem berührte er den Lahmen. Da sprang der Kranke auf, war geheilt und lief, so schnell er konnte, nach Hause. Alle, die ihn sahen, wunderten sich über seine plötzliche Heilung und fragten einander: »Ist das nicht der, der immer auf den Knien kroch?«

Abagar, der König von Edessa, hörte von dieser Geschichte. Er rief den geheilten Lahmen zu sich und fragte ihn: »Wer hat dich geheilt?« Der Gefragte erzählte ihm seine Geschichte. Da sandte Abagar seinen Diener aus, den Apostel zu holen. Denn der König lag selbst schon seit vielen Jahren krank zu Bett und konnte nicht aufstehen. Als der König Thaddäus und das Leintuch sah, sprang er vor Freude aus dem Bett und war wieder gesund: »Das ist Christus!« So als wäre er nie krank gewesen.

Dann fragte er den Apostel: »Was soll ich tun?« Der Apostel antwortete: »Lass dich taufen, dich, deine Frau und deine Kinder und alle, die zu deinem Haus gehören.« So wurde die ganze Stadt Edessa christlich. Und der König ließ das Leintuch über dem Stadttor anbringen und jeder, der die Stadt betrat oder verließ, musste sich vor dem heiligen Tuch niederwerfen. Und er ließ über dem Tuch eine Inschrift anbringen: »Herrscher, überaus barmherziger Christus, unser Gott, Hoffnung aller Enden der Erde, erbarme dich unser, die wir an dich glauben. Jeder, der auf dich hofft, geht in seiner Hoffnung nicht fehl.«

Byzantinisches Ikonengebet

O göttliches Abbild des unveränderlichen Abbildes des
    Vaters,
o Ebenbild des Ebenbildes des väterlichen Wesens,
o heiliger und aller Ehren werter Siegelabdruck des
    Urbildes
der Schönheit Christi unseres Gottes,
im Glauben rede ich nämlich mit Dir so, als seiest Du
    lebendig,
bewahre und schütze alle Zeit den, der fromm und
    erbarmungswürdig
die kaiserliche Herrschaft über uns ausübt,
der den Gedenktag Deiner Ankunft festlich begeht
und den Du bei Deiner Ankunft auf den väterlichen
    und großväterlichen Thron erhobst.
Beschütze seinen Spross zur unversehrten dynastischen
    Herrschaftsnachfolge,
gewähre dem Gemeinwesen friedlichen Bestand,
sorge auch weiterhin dafür, dass diese als Königin unter
    den Städten Herrschende (die Stadt Byzanz) unein-
    nehmbar ist
und lass uns Christus, Deinem Urbild, gefallen
und in seinem himmlischen Reich aufgenommen
    werden,
ihn rühmen und preisen,
dem allein Ehre und Anbetung in Ewigkeit gebührt.
    Amen.

Aus dem 10. Jahrhundert

KANN MAN AUCH SINGEND BETEN?

Die meisten Gebete werden gesprochen. Warum eigentlich? Es wäre doch angemessener, sie zu singen. Denn beim Singen betet nicht nur der Kopf, sondern auch das Herz, ja der ganze Körper mit. Mithilfe von Melodie und Rhythmus kann der Betende den Alltagslärm leichter hinter sich lassen und sich zu Gott aufschwingen. Sein Gebet wird schön und er gewinnt eine Ahnung von der Schönheit Gottes.

Die künstlerisch gelungensten deutschen Gebets- und Glaubenslieder stammen aus einer längst vergangenen Zeit, dem fernen und finsteren 17. Jahrhundert. Damals war Deutschland zerrissen durch den Hass zwischen Protestanten und Katholiken, zerstört durch den teuflischen Dreißigjährigen Krieg und schwer getroffen von Pest und Missernten. Trotzdem haben in dieser schlimmen Zeit Dichter zarte und anmutige Gebetslieder geschrieben. Der größte unter ihnen war Paul Gerhardt (1607 bis 1676). Von ihm stammt auch das schönste deutsche Weihnachtslied. Seine barocke Verspieltheit macht beim ersten Lesen vielleicht stutzig. Aber wer sich auf seinen besonderen Ton und seine ganz eigenen Bilder einlässt, ist bald wie verzaubert.

Dieses Lied, das eigentlich fünfzehn Strophen hat, schildert eine schlichte, aber sehr intime Szene. Ein Einzelner steht vor der Krippe. Er ist ganz allein mit dem Kind. So wie ein Vater, der spätabends nach Hause kommt und noch einmal ins Kinderzimmer geht, um

das schlafende Kind zu sehen, zu streicheln und zuzu-
decken, steht er da und sinnt darüber nach, was für ein
Geschenk dieses Menschenkind ist und wie sehr es das
eigene Leben verwandelt hat.

Ich steh an Deiner Krippen hier,
O Jesulein, mein Leben,
Ich stehe, bring und schenke Dir,
Was Du mir hast gegeben.
Nimm hin, es ist mein Geist und Sinn,
Herz, Seel und Mut, nimm alles hin
Und lass Dirs wohl gefallen.

Ich sehe dich mit Freuden an
Und kann mich satt nicht sehen,
Und weil ich nun nicht weiter kann,
So tu ich, was geschehen.
O dass mein Sinn ein Abgrund wäre
Und meine Seel ein weites Meer,
Dass ich dich möchte fassen!

Nehmt weg das Stroh, nehmt weg das Heu:
Ich will mir Blumen holen,
Dass meines Heilands Lager sei
Auf lieblichen Violen.
Mit Rosen, Nelken, Rosmarin,
Aus schönen Gärten will ich ihn
Von oben her bestreuen.

Eins aber hoff ich, wirst Du mir,
Mein Heiland, nicht versagen,
Dass ich dich möge für und für
In, bei und an mir tragen.
So lass mich doch Dein Kripplein sein:
Komm, komm und lege bei mir ein
Dich und alle Deine Freuden.

Damals, im 17. Jahrhundert, hat man sehr karge Weih-
nachten gefeiert. Ohne bunten Tannenbaum, ohne
viele Geschenke. Die Häuser waren kalt, die Speise-
kammern leer. Die Menschen waren arm und mussten
schon zufrieden sein, wenn sie halbwegs satt wurden.
Umso erstaunlicher ist die Bilderpracht, die dieses Lied
entfaltet. Es wird nicht an sprachlichem Luxus gespart,
um dieses Kind zu feiern und willkommen zu heißen.
Das Lied pflückt mitten im Winter die herrlichsten
Blumen und bringt die köstlichsten Kräuter herbei und
lässt sie auf das Christuskind herabregnen. Nah, ganz
nah kommt der singende Beter dem Kind. Fast hat man
den Eindruck, er würde eins mit ihm. In grenzenloser
Liebe versenkt er sich so tief in das Bild der Krippe, dass
seine Seele selbst zur Krippe Christi wird. Inniger kann
man nicht beten.

**WENN DU AUF
EINEM GIPFEL STEHST ...**

(nach Psalm 19)

Der Himmel erzählt von Deiner Größe,
und die Erde bezeugt Deine Taten.
Ein Tag sagt es dem anderen,
und eine Nacht berichtet es der anderen.
Ohne Sprache und ohne Worte,
unhörbar ist ihre Stimme.
Dennoch erschallt sie in allen Ländern,
und ihr Klang erfüllt die ganze Welt.
Dein Wille ist vollkommen
und bewegt mein Leben.
Deine Gedanken sind wahr
und machen mich weise.
Was Du mir sagst,
ist rein, gerecht und gut.
Dein Wort erfreut mein Herz
und erleuchtet meine Augen.
Ich habe Ehrfurcht vor Dir,
Du bist mein Fels.

WAS KOSTET EIN GEBET?

Ursprünglich war das Beten selten umsonst. Zumeist war es mit einem Opfer verbunden. Wer seinen Gott etwas bitten wollte, musste ihm etwas schenken: einen Bissen Speise oder einen Schluck zu trinken, ein kleines Weihegeschenk oder ein größeres Tieropfer. Solch ein heiliger Handel hat sich für die großen monotheistischen Weltreligionen inzwischen erledigt. Das einzige Geschenk, das man im Gebet Gott machen muss, ist, dass man ihm einen Teil seiner Zeit opfert.

Friedensgebet der afrikanischen Malinke

Möchte ich Frieden haben bei meinem Eingang!
Möchte ich Frieden haben bei meinem Ausgang!
Während der Nacht sei mir gnädig!
Bewahre uns vor den bösen Menschen am Tag.

SOLLEN GEBETE LANG ODER KURZ SEIN?

Die allerersten Gebete sind wahrscheinlich sehr kurz gewesen. Aus diesen Stoßgebeten haben sich dann immer umfangreichere Gebete entwickelt. Man meinte wohl, durch besonders wortreiche Gebete könne man Gott den eigenen Willen aufzwingen. Jesus hat dem widersprochen und seinen Jüngern geboten, beim Beten nicht zu plappern. Gott wisse schon, was gut für sie sei. Sie sollten sich damit begnügen, ihm kurz und bündig das zu sagen, was ihnen auf dem Herzen liege. Viele Worte machten ein Gebet nicht besser, sondern schlechter.

Aber es gibt auch einige lange Gebete, die einen eigenen Charme besitzen. Nicht alle Gebete der ursprünglichen Völker waren deshalb so langatmig, weil man glaubte, dass die Wirksamkeit eines Gebetes von seiner Länge abhänge. Vielmehr hielt man es für unhöflich, sich Gott gegenüber kurz angebunden zu geben. Es erschien als unfein, Gott in Sekundenschnelle die eigenen Anliegen vorzulegen. So machte man aus dem Gebet ein regelrechtes Palaver, in dem man nicht geschäftsmäßig eine Tagesordnung abarbeitete, sondern viele Gesprächsrunden drehte. Ein schönes Beispiel ist das Gebet, das ein Kekchi-Indianer vor der Maisernte gesprochen hat:

Du, o Gott, Du mein Herr,
Du meine Mutter, Du mein Vater,
Du Herr von Berg und Tal.

Jetzt und ebenso in drei Sonnen, in drei Tagen
werde ich mit dem Zusammenlesen meines Maises
    beginnen,
Du Herr der Berge und Täler,
zeig ihn mir vor meinem Leib, vor meiner Seele.
Ein klein wenig Deines Essens,
Deines Trinkens gebe ich Dir.
Es ist fast nichts, was ich Dir gebe,
aber ich habe Vieles und Gutes
von meinem Essen und Trinken.
Du hast es gezeigt, meiner Seele, meinem Leib,
Du meine Mutter, Du mein Vater.
Ich fange also mit dem Ernten an.
Ich werde aber heute nicht mit dem Ernten fertig
vor Deinem Munde, vor Deinem Angesicht.
Wer weiß, wie viele Sonnen, wie viele Tage ich ernte.
Es geht nicht schnell im Unkraut zusammenzusuchen.
Ich vollbringe es wohl nur langsam.
Wer weiß, wann ich wieder zu Dir sprechen kann,
Du meine Mutter, Du mein Vater,
Du Engel, Du Herr der Berge und Täler.
Ich werde wieder zu Dir beten.
Warum denn nicht, Du mein Gott?

Dieses Gebet mag beim ersten Lesen eintönig erscheinen. Doch die vielen Wiederholungen haben ihren
Sinn. Sie bekräftigen, wie sehr der Betende auf Gott
angewiesen ist. Man muss sich einmal in seine Lage
versetzen: An dieser Ernte hing sein Überleben und
das seines Stammes. Wenn er keinen Mais erntete und

nicht jedes Korn fand und mit nach Hause brachte, mussten alle Hunger leiden, vielleicht sogar sterben. An wen sollte er sich wenden, wenn nicht an seinen Gott? Dass er trotz seiner Aufregung vor der Ernte so lange und in so schön gesetzten Worten betete, ist aber nicht nur ein Zeichen der Hilfsbedürftigkeit, sondern auch seiner Freundschaft mit Gott.

teebeutel

I

nur in sackleinen
gehüllt. kleiner eremit
in seiner höhle.

II

nichts als ein faden
führt nach oben. wir geben
ihm fünf minuten.

Jan Wagner (*1971), deutscher Dichter

Aus: Schnelle Gebete in b

1. Bemühen

Du spielst deine Züge
drehst deine Runden,
läufst dir ein heißes
Pflaster unter die wunden
Pfoten, so viele Bezüge
alles geht drunter
und drüber ein trüber
heruntergekommener
sag schon: Ach, Himmel,
sei still.

Steffen Jacobs (*1968), deutscher Dichter

WIE HÄUFIG SOLL MAN BETEN?

Von Jesus wird überliefert, dass er ganze Nächte hindurch mit seinen Jüngern gebetet hat. Dasselbe wird von Mohammed erzählt. Der Reformator Martin Luther soll jeden Tag mindestens drei Stunden lang gebetet haben, der Gegenreformator und Gründer des Jesuiten-Ordens Ignatius von Loyola sogar sieben. Von besonders Frommen wie Franz von Assisi heißt es sogar, ihr Leben sei zu einem einzigen Gebet geworden.

Dieses ist auch das Ziel einer Gebetspraxis, wie sie vor allem in den orthodoxen Kirchen Osteuropas gepflegt wird. Das »Herzensgebet« besteht aus einem einfachen Vers wie zum Beispiel »Herr Jesus Christus, erbarme dich unser«, der immer und immer wieder gesprochen wird, so lange, bis nicht nur allein Mund und Verstand beten, sondern der ganze Körper, weil das Gebet in den Atem und den Herzschlag übergegangen ist.

Vom Herzensgebet erzählt eine schöne Geschichte: Es war einmal ein russischer Pilger. Der zog in der Mitte des 19. Jahrhunderts durch die Weiten seiner Heimat. Er war arm. Er konnte nicht arbeiten, denn sein linker Arm war gelähmt. Er hatte keine Heimat. Alles, was er besaß, trug er am Leib oder in einem kleinen Sack über seiner Schulter: ein Stück Brot war darin, eine Flasche Wasser und eine Bibel. Er hatte eigentlich nichts – außer einer großen Frage. Einmal hatte er eine Predigt gehört über einen Vers aus dem Thessalonicherbrief im Neuen Testament: »Betet ohne Unterlass!« Diese Ermahnung des Apostels Paulus ging ihm seither nicht mehr aus dem Sinn und trieb ihn von einem geistlichen Lehrer zum nächsten. Betet ohne Unterlass – wie soll das möglich sein? Wie soll man pausenlos und immerzu beten können? Man muss doch auch arbeiten, essen und schlafen. Irgendwann gehen einem doch die Worte und frommen Gedanken aus. Aber wie schön das doch wäre, wenn man immer beten könnte! Was für ein himmlischer Genuss!

Endlich fand der Pilger einen Starez, einen der mystischen Wundermönche Russlands, der ihn in die Kunst des Herzensgebets einführte. Er lehrte ihn, ohne Unterlass zu beten. Und das geht so: »Setz dich still und einsam hin, neige den Kopf, schließe die Augen, atme recht leicht, blicke mit deiner Einbildung in dein Herz, führe den Geist aus dem Kopf ins Herz. Beim Atmen sprich, leise die Lippen bewegend: Herr Jesus Christus, erbarme dich meiner.« Und zwar zunächst dreitausendmal am Tag. Der Pilger tat wie ihm geheißen. Er fand bei einem Bauern Unterschlupf in einer kleinen Hütte neben seinen Feldern. Dort musste er aufpassen, dass niemand die Ernte stahl. Sonst hatte er nichts zu tun. Nur beten, jeden Tag, einen ganzen langen Sommer lang. Und er begann, dreitausendmal: Herr Jesus Christus, erbarme Dich meiner. Herr Jesus Christus, erbarme Dich meiner. Herr Jesus Christus, erbarme Dich meiner. Herr Jesus Christus, erbarme Dich meiner. Nach ein paar Wochen steigerte er die Dosis: sechstausendmal. Bis er es schließlich zwölftausendmal täglich sprach.

Und nun wurde das Gebet zu einem Teil seiner selbst. Er betete ohne Unterlass, und das Gebet verband sich mit seinem Atem, ja mit seinem Herzschlag. Herz und Gebet wurden eins. Er musste das Gebet nicht mehr sprechen. Sein Herzschlag sprach es für ihn: Bumm bumm, bumm bumm – Herr Jesus Christus, erbarme Dich meiner. Er berichtete: »Und wie leicht wurde mir da, wie froh ums Herz. Es war so, als sprächen Zunge und Lippen ganz von selbst. Den ganzen Tag über war ich voller Freude, und es war mir, als wäre mir alles andere in der Welt fremd. Ich war gleichsam auf einer andern Erde.«

Natürlich, die Tradition des Herzensgebets wirkt auf heutige Westeuropäer befremdlich. Unverständlich, dass einer mit seinem ganzen Leben nichts anderes anzufangen weiß, als ununterbrochen immer denselben Gebetsvers zu murmeln. Neuere statistische Untersuchungen besagen, dass die Bundesbürger täglich vier Minuten lang beten. Das ist im Vergleich zum russischen Pilger und den anderen Frommen der Vergangenheit herzlich wenig. Andererseits ist es auch viel, wenn man bedenkt, wie viele Menschen heutzutage gar nicht mehr beten oder wie sehr der Alltag sich inzwischen mit Aufgaben und Ablenkungen gefüllt hat. Da ist es schon eine fromme Leistung, wenn man sich immerhin für vier Minuten zurückzieht, sich besinnt und betet.

Aber natürlich ist nicht die bloße zeitliche Dauer des Gebets entscheidend, sondern die innere Haltung, die eigene Ernsthaftigkeit und Ehrlichkeit. Doch auch die braucht einen gewissen Zeitraum, um sich entwickeln zu können. Darum ist es gut, regelmäßig zu beten und dafür ein gewisses Zeitmaß einzuplanen. Eines kann man dabei allerdings vom russischen Pilger lernen: Man muss nicht nur dann beten, wenn man allein im eigenen »stillen Kämmerlein« ist. Man kann auch draußen beten. Entweder wenn man einer ruhigen Tätigkeit nachgeht, zum Beispiel Zeitungen austrägt, Herbstlaub harkt oder spazieren geht. Oder wenn sich im Alltag eine kleine Lücke auftut, zum Beispiel wenn man an einer Ampel warten muss, während einer langweiligen Schulstunde oder einer öden Sitzung. Dann kann man wie der russische Pilger einen kleinen Gebetsvers sprechen. Man muss ihn ja nicht gleich zwölftausendmal wiederholen.

Regel des Schweigens

Schweige und höre,
neige Deines Herzens Ohr.
Suche den Frieden.

Aus der Mönchsregel der Benediktiner (6. Jahrhundert)

»Als mein Gebet immer andächtiger und innerlicher wurde, da hatte ich immer weniger und weniger zu sagen. Zuletzt wurde ich ganz still. Ich wurde, was womöglich noch ein größerer Gegensatz zum Reden ist, ich wurde ein Hörer. Ich meinte erst, Beten sei Reden. Ich lernte aber, dass Beten nicht bloß Schweigen ist, sondern Hören. So ist es: Beten heißt nicht, sich selbst reden hören, beten heißt still werden und still sein und warten, bis der Betende Gott hört.«

Sören Kierkegaard (1813 bis 1855),
dänischer Philosoph und Theologe

KANN MAN AUCH OHNE WORTE BETEN?

Es gibt Schulen in Großbritannien und Nordamerika, bei denen fängt der Tag auf eine sehr besondere Weise an. Alle Schülerinnen und Schüler kommen in der Aula oder in der Schulkirche zusammen, nehmen Platz und schweigen. Eine ganze Schulstunde lang sitzen sie nur da und schweigen, jeden Morgen. Man stelle sich einmal vor, man würde das in Deutschland versuchen. Doch in den Schulen der Quäker sind die Jungs und Mädchen daran gewöhnt, lange miteinander zu schweigen. Und sie tun dies nicht nur, weil sie so streng erzogen worden wären, sondern weil es ihnen wohltut, den Tag mit einer langen Zeit der Stille und des stillen Gebets zu beginnen.

Die Quäker sind eine kleine, protestantische Freikirche. Sie haben keine großen Kirchen. Sie feiern keine aufwendigen Gottesdienste. Sie haben keine Pastoren, die für die Gemeinde sprechen. Die Quäker sind eine Gemeinschaft von gleichberechtigten Schwestern und Brüdern. In ihren Gottesdiensten sitzt die Gemeinde zusammen und schweigt, bis einer das Empfinden hat, den anderen oder Gott etwas sagen zu müssen. Sie glauben, dass menschliche Worte das Göttliche nie ganz angemessen beschreiben können, deshalb suchen sie vor allem im Schweigen die Nähe Gottes. So kann es passieren, dass ein einstündiger Gottesdienst zu Ende geht, ohne dass irgendjemand etwas gesagt hätte – und ohne dass jemand etwas vermisst hätte.

Die andere Frömmigkeit

Immer tiefer ergreifen mich die Gebete,
die der Beter selbst nicht erkennt.

Die schwieligen Hände des Gärtners,
der Samen einlegt und Unkraut jätet,
die gewissenhaften Griffe ans Steuer,
die eintönig genauen am Fließband,
die wachsamen an Hebeln und Schaltern,
die Fäuste an rüttelnden Preßluftbohrern,
die behutsamen Finger
mit Messern, Pinzetten und Nadeln,
das geduldige Aug an den Okularen
der Mikro- und Teleskope,
das Ohr für die fernsten Funksignale,
das Sondieren ins Unbekannte,
die Andacht des Blicks für das Ganze,
und die Hingabe ans Detail,
die Wißbegier, die der Erkenntnis
Handlangerdienste tut,
und die Demut, die täglich fürs Überleben
auf den eigenen Namen verzichtet
und sich vor Gott verschweigt.

Christine Busta (1915 bis 1987), österreichische Dichterin

Liebesgebet

Ich bete an die Macht der Liebe,
die sich in Jesus offenbart;
ich geb mich hin dem freien Triebe,
wodurch auch ich geliebet ward;
ich will, anstatt an mich zu denken,
ins Meer der Liebe mich versenken.

Gerhard Tersteegen (1697 bis 1769),
mystischer Laienprediger und Dichter

WIE SOLL MAN GOTT ANREDEN?

Wie so oft ist auch beim Beten der Anfang das Schwerste. Wie beginnt man ein Gebet? Wie findet man selbst aus seinem Alltag heraus und in die Gegenwelt des Göttlichen hinein? Und wie gewinnt man die Aufmerksamkeit seines Gottes, sodass er sich aus seinen Himmelshöhen herabbegibt, Augen, Ohren und Mund öffnet, um mit dem Beter ein Gespräch zu führen?

Wie man es noch bei einigen vormodernen Kulturen beobachten kann, scheinen die frühen Beter mit unartikulierten Lauten begonnen zu haben. Die afrikanischen Duala pfiffen, um ihren Gott zu wecken. Und nach jedem Satz folgte wieder ein Pfiff, damit ihr Gott nicht wieder einschlief. Andere Völker und Stämme eröffneten ihre Gebete mit einem Schnalzen oder Schreien.

Doch diese Laute wurden im Verlauf der Religionsgeschichte durch Worte ersetzt. Zum einen durch einfache Aufforderungen wie »Höre!« oder »Merk auf!« oder »Ich rufe zu Dir, antworte mir!«. Eine etwas höflichere Form wählten die Cora-Indianer: »Nur ein Wort, ein Wort nur, wenn Du wirklich achtgeben magst!«

Zum anderen nannte man zu Beginn des Gebets den Namen des angesprochenen Gottes. Als man noch an viele Götter glaubte, mag dies auch den schlichten Grund gehabt haben, dass man gleich zu Beginn deutlich machen musste, an welchen Gott man sich denn nun wenden wollte. Aber es gab noch einen anderen

Grund. Ein Name ist früher mehr als nur »Schall und Rauch« gewesen. In Namen, so glaubte man, stecke der Wesenskern, das innere Geheimnis und die Lebenskraft einer Person.

Diese Auffassung hat natürlich Magisches an sich: Dahinter stand die Vorstellung, wenn ein Mensch nur den Namen eines göttlichen Wesens kenne, könne er ihn auch direkt beeinflussen. Daneben hatte diese hohe Wertschätzung des Namens auch einen tieferen Sinn. So wie einem ein namenloser Mensch nichts bedeutet, so wird einem auch ein namenloser Gott ewig fremd bleiben. Nur wenn man den anderen mit Namen kennt und beim Namen nennt, kann man mit ihm Freundschaft schließen. Das gilt für das Verhältnis zwischen zwei Menschen ebenso wie für das Verhältnis von Gott und Mensch. Darum begann man das Gebet wie jedes andere Gespräch auch, nämlich indem man den Gott mit seinem Namen anredete.

Als sich der Monotheismus, also der Glaube an nur einen Gott, durchsetzte, wurde der Gottesname immer unwichtiger. Im Christentum und im Islam heißt das Höchste Wesen einfach »Gott«. Das Judentum kennt zwar einen besonderen Gottesnamen, spricht ihn aber aus Ehrfurcht nicht mehr direkt aus, sondern umschreibt ihn mit »Herr«.

Wichtiger als der Gottesname sind die Gottesbilder. Sie dienen nicht nur dazu, dass der Mensch sich eine innere Vorstellung vom Ewigen und Unendlichen macht, sondern auch dazu, dass er ihn ansprechen kann. Aus der Fülle der Gottesbilder lassen sich zwei große Gruppen unterscheiden. Die eine Gruppe orientiert sich an den Herrschaftsverhältnissen, in denen die Beter leben. In vordemokratischen Zeiten sprach man darum Gott vornehmlich als »Häuptling«, »Herrn«, »König« und »Majestät« an.

Die andere Gruppe orientiert sich an den Familienverhältnissen der Beter. So sprach man Gott vor allem als »Vater« oder »Mutter« an. Die antiken Griechen etwa beteten gleichzeitig zu »Mutter Erde« und »Vater Zeus«. Die Cora-Indianer begannen ihre Gebete mit dem Ruf: »Unser Vater, unsere Mutter, unser älterer Bruder!« In Afrika nannte man den angebeteten Gott auch »Onkel«, »Großvater«, »Großmutter« oder »Großer Bruder«. Am wichtigsten und verbreitetsten aber ist die Anrede Gottes als Vater. Sie findet sich in fast allen Kulturstufen und Religionen: bei den Pygmäen und Bantu in Afrika, den Aborigines in Australien, den Indern, den antiken Griechen und Römern, den Assyrern, den Juden und Christen.

Eine besonders schöne Anrede findet sich vor allem im antiken Griechenland. Hier nannte man den Angebeteten häufig »Freund«. Die alten Griechen pflegten eine besondere Kultur der Freundschaft. Aristoteles hat sogar eine eigene Philosophie der Freundschaft begründet. Vor diesem Hintergrund konnten die Griechen viele ihrer Gebete als Gespräch unter Freunden verstehen und beginnen. Das Verhältnis zu Gott war nicht von nackter Angst und blindem Gehorsam geprägt, sondern von wechselseitigem Respekt und warmherziger Vertrautheit. Dieses Motiv wurde lange vergessen und erst im 18. Jahrhundert durch christliche Aufklärer wiederentdeckt. Sie wollten zu Gott wie zu einem »Freund« sprechen.

Diese Anrede wirkt auf den ersten Blick sehr sympathisch und ganz zeitgemäß. Wer würde sich in der demokratischen Gegenwart vor Gott wie vor einem antiken Tyrannen oder absoluten Herrscher zu Boden werfen wollen? Wer möchte in ihm nicht eher einen vertrauten Freund sehen? Aber eine Rückfrage sei erlaubt: Ist es eigentlich angemessen, dass der Mensch Gott duzt? Oder sollte er ihn nicht lieber siezen? Natürlich, die Frage klingt seltsam. Aus Gewohnheit würde man Gott stets mit »Du« anreden. Wie würde sich das auch anhören: »Großer Gott, ich bitte Sie, dass Sie meine kranke Großmutter gesund werden lassen!«

Aber ganz selbstverständlich ist das »Du« nicht. Die Herero scheinen das geahnt zu haben, weshalb sie eine direkte Anrede überhaupt vermieden haben: »Der Allvater, er ist heilig, unnahbar!« Aber es gab auch christliche Beter, die Gott mit »Sie« angesprochen haben. Die spanische Mystikerin Theresa von Avila etwa nannte Gott »Eure Majestät«. Und in Frankreich redete man Gott früher oft mit »Vous« an. So eigentümlich das klingt, es steckt doch ein gewisser Sinn darin, nämlich das Gespür dafür, dass Gott nicht einfach ein Duzfreund unter anderen und damit »einer von uns« ist. Johann Wolfgang von Goethe hat dies in einem Gespräch so auf den Punkt gebracht: »Die Leute traktieren den göttlichen Namen, als wäre das unbegreifliche, gar nicht auszudenkende höchste Wesen nicht viel mehr als ihresgleichen. Sie würden sonst nicht sagen: der Herrgott, der liebe Gott, der gute Gott. Würden sie durchdrungen von seiner Größe, sie würden verstummen und ihn vor Verehrung nicht nennen mögen.«

Was Goethe gemeint hat, habe ich einmal bei einer pietistischen Versammlung erlebt. Eine Frau ergriff beim freien Gruppengebet das Wort und redete ohne Punkt und Komma auf den Allerhöchsten ein, wobei sie ihn ständig mit »Vati«, »Papa« und »Papilein« ansprach.

Also, eine Portion Distanzgefühl kann beim Beten nicht schaden. Aber es sollte nicht das letzte und bestimmende Moment bleiben. Vielmehr sollte sich in der Gebetsanrede beides verbinden: die Ahnung von der unermesslichen Größe Gottes und von seiner Liebe, der scheue Sinn für das Unendliche und die Vertrautheit mit dem himmlischen Vater, die Ehrfurcht vor Gott und die Freundschaft zu ihm. In diesem doppelten Sinn hat Jesus Gott auf Aramäisch »Abba«, also Vater, genannt.

WER HAT DAS ERSTE MONOTHEISTISCHE GEBET VERFASST?

Der Glaube an nur einen Gott ist, betrachtet man die Menschheitsgeschichte, vergleichsweise jung. Ursprünglich hat man an viele Götter geglaubt (»Polytheismus«, griechisch für »Vielgötterei«). Innerhalb des Polytheismus war es möglich, nur zu einem Gott zu beten – ohne die Existenz anderer Götter zu leugnen (»Monolatrie«, griechisch für »Verehrung nur eines Gottes«). Im Unterschied zum Polytheismus und zur Monolatrie behauptet der Monotheismus, dass es nur einen einzigen Gott gibt – und sonst keine. Der Erste, der diese Behauptung aufzustellen wagte, scheint der ägyptische Pharao Amenophis IV. gewesen zu sein. Er befahl im 14. Jahrhundert v. Chr., die alten Götter zu stürzen. An ihre Stelle sollte der Sonnengott Aton treten, der einzige Herr der Erde und des Himmels. Zugleich legte Amenophis IV. seinen Namen ab und ließ sich Echnaton nennen. Doch seine monotheistische Revolution hatte keinen Bestand. Nach seinem Tod richteten die Priester den alten, dicht besiedelten Götterhimmel wieder auf. Echnaton wurde vergessen, seine Spuren ausgetilgt und vom ägyptischen Wüstensand überweht. Bis die moderne Archäologie ihn wieder hervorholte – zusammen mit der wunderbaren Büste seiner Frau Nofretete.

Wiederentdeckt wurde auch ein großes Gebet, das dieser geheimnisvolle Pharao an seinen neuen Gott Aton gerichtet hatte und dessen wichtigste Verse hier

nachzulesen sind. Um es verstehen und genießen zu
können, muss man sich zurückversetzen in eine Zeit,
als es noch kaum künstliches Licht gab. Damals waren
Nacht und Tag krass voneinander geschieden. Die
frühen Kerzen und Öllichter konnten der Dunkelheit
nur wenig entgegensetzen. War die Sonne untergegan-
gen, erstarb alles Leben. Ging sie wieder auf, erwachte
die Welt zu neuem Leben. Viel stärker als heute drehte
sich das gesamte Menschenleben um die Sonne, ihre
Helligkeit, ihre Wärme, ihre schöpferische Kraft.
Nichts war mit ihr zu vergleichen. Nichts rief solche
Bewunderung und Verehrung hervor. Von wem war
man in ähnlicher Weise abhängig? Zu wem sonst sollte
man beten? An wen sonst sollte man seine Gebete
richten?

Du erglänzt schön im Himmelshorizont,
Du lebender Aton, der am Uranfang lebte.
Wenn Du aufgehst am östlichen Horizont,
so erleuchtest Du jedes Land durch Deine Schönheit.
Wenn Du herrlich und groß und glänzend und hoch
 über jedem Land bist,
umarmen Deine Strahlen die Länder bis zum Ende all
 dessen, das Du geschaffen hast.

Gehst Du zur Ruhe im westlichen Horizont,
so liegt die Erde in Finsternis, als wäre sie gestorben.
Man schläft in den Zimmern mit verhülltem Kopf,
kein Auge sieht das andere.

Jeder Löwe kommt aus seiner Höhle
und die Erde liegt schweigend da.
Denn der Schöpfer der Menschen ruht in seinem
    Horizont.

Gehst Du morgens am Horizont auf
und erglänzt als Aton am Tage,
so vertreibst Du die Finsternis
und spendest Deine Strahlen.
Ägypten freut sich dann.
Es erhebt sich und tritt auf die Füße –
Du hast es erhoben!
Man wäscht seine Glieder, ergreift seine Kleider,
und die Arme beten Dein Erscheinen an.
Die ganze Erde nimmt ihre Arbeit auf.
Alles Vieh freut sich über sein Gras.
Die Bäume und Gräser werden grün.
Geflügel und Vögel kommen aus ihren Nestern,
ihre Flügel sogar beten Dich an.
Die Schiffe fahren stromab und wieder stromauf,
jeder Weg ist geöffnet durch Dein Erscheinen.
Selbst die Fische im Strom springen auf Dich zu,
denn Deine Strahlen reichen tief in den Ozean
    hinein.

Es ist die Besonderheit Israels gewesen, einen Monotheismus zu verkünden, nach dem es nur einen einzigen Gott gibt, der aber von der Welt und aller Schöpfung unterschieden ist, der also weit heller strahlt als
die Sonne. Dieser israelitische Monotheismus ist, an-

ders als Echnatons Glaube an den einen Sonnengott, nicht untergangen, sondern hat überlebt bis zum heutigen Tag: im Judentum, im Christentum und im Islam.

Schöpfungsgebet

Gelobt seist Du, Herr, für alle Deine Geschöpfe,
vor allem für die edle Herrin, Schwester Sonne,
die uns den Tag schenkt mit ihrem Licht.
Sie ist schön und prächtig in ihrem Glanz.
Sie ist ein Gleichnis für Dich, Erhabener.

Gelobt seist Du, Herr,
für den Bruder Mond und die Sterne.
Durch Dich funkeln sie am Himmelsbogen
und leuchten kostbar und schön.

Gelobt seist Du, Herr,
für den Bruder Wind und für Luft
und Wolken und jedes Wetter,
die sanft oder streng
Deine Geschöpfe leiten.

Gelobt seist Du, Herr,
für unsere Schwester, die Mutter Erde,
die uns ernährt und trägt
und uns viele Früchte bietet
und bunte Blumen und grünes Gras.

Gelobt seist Du, Herr,
für alle, die aus Liebe zu Dir
anderen vergeben und Not erleiden.
Gelobt seist Du, Herr,
für unsere Schwester, den leiblichen Tod.

Franz von Assisi (1181/2 bis 1226),
christlicher Mystiker und Bettelmönch

Suchgebet

Ich suchte Gott und fand ihn nicht.
Ich schrie empor und bettelte um Licht.
Da, als ich weinend zurückging,
Fasste es leise meine Schulter: »Ich bin hier,
Ich habe dich gesucht und bin bei Dir.«
Und Gott ist mit mir heimgegangen.

Jalal ed-din-Rumi (1207 bis 1273), persischer Mystiker

KANN MAN SEIN GEBET AN DIE FALSCHE ADRESSE RICHTEN?

Aus der Entdeckungszeit Amerikas ist ein Gebet überliefert, das ein Algonkin-Indianer gesprochen hat, als er zum ersten Mal in seinem Leben einem Weißen begegnete. Der Indianer glaubte, in dem – schwarz gekleideten – Missionar einen Gott vor sich zu haben. Darum legte er ihm sogleich all seine Bitten und eine brennende Tabakspfeife als Opfergabe vor.

Fürwahr, das ist gut, Schwarzkleid,
dass Du uns besuchst.
Habe Mitleid mit uns!
Du bist ein Manitu,
wir geben Dir zu rauchen.
Die Neudovessies und Irokesen verschlingen uns.
Hab Mitleid mit uns!
Wir sind oft krank.
Unsere Kinder sterben.
Wir sind hungrig.
Hab Mitleid mit uns!
Höre uns, Manitu.
Ich gebe Dir zu rauchen.
Möge die Erde uns Korn bringen.
Mögen die Flüsse uns Fische geben.
Möge uns keine Krankheit treffen.
Möge uns kein Hunger quälen.
Höre uns, o Manitu,
ich gebe Dir zu rauchen.

Auch wenn die Situation komisch anmutet, wirkt das Gebet dennoch anrührend. Der Indianer begrüßt den Missionar freundlich und schüttet ihm sein Herz aus. Er zählt ihm seine Nöte auf: den Hunger, die Angst vor Feinden, die Sorge um die Kinder, die Krankheiten, die Ratlosigkeit. Und er schlägt ein kleines Geschäft vor: Tabak gegen Gebetserhörung. Wie mag sich der Missionar gefühlt haben, als er so angebetet wurde? War es ihm peinlich, hat er gelächelt oder sich geärgert? Wie dem auch sei, es empfiehlt sich, vorher Gedanken darüber anzustellen, an wen man sein Gebet richtet.

Wiegenlied einer alten frommen Magd

Ich wollte mich zur lieben Maria vermieten,
Ich sollte ihr Kindlein helfen wiegen,
Sie führt' mich in ihr Kämmerlein,
Da waren die lieben Engelein,
Die sangen alle Gloria!
Gelobet sei Maria!

Wiegenlied im Freien

Da oben auf dem Berge,
Da wehet der Wind,
Da sitzet Maria
Und wieget ihr Kind,
Sie wiegt es mit ihrer schneeweißen Hand,
Dazu braucht sie kein Wiegenband.

*Aus »Des Knaben Wunderhorn«, der romantischen Samm-
lung deutscher Volkslieder von Clemens Brentano und Achim
von Arnim (1806 bis 1808)*

WARUM BETEN MANCHE CHRISTEN ZU MARIA?

Jesus hatte seine Jünger gelehrt, in Gott ihren himmlischen Vater zu sehen. Er wollte ihnen deutlich machen, dass sie Gott nicht als einen fernen, übermächtigen Herrscher fürchten, sondern ihn mit kindlichem Vertrauen lieben sollten. Aber dieses Gottesbild ist mehrdeutig. Nicht jeder denkt, wenn er »Vater« hört, an ein gütiges, freundliches und liebevolles Gegenüber. Manche haben ihre eigenen Väter als streng, kalt, autoritär und ungerecht erlebt. Für sie ist die Vorstellung, dass Gott wie ein Vater ist, eher abschreckend.

In früheren Zeiten, als die meisten Väter noch mächtiger und härter waren als heutzutage, fürchteten die Christen den Vater im Himmel. Auch schien er ihnen zu weit entfernt zu sein. Der ewige Gott wirkte so übergroß, überwürdig und überragend, dass sie sich nicht trauten, ihm die Sorgen und Wünsche ihres kleinen Lebens vorzutragen.

Wer nun nicht den Mut und das Vertrauen hat, mit seinem Vater zu reden, der wendet sich für gewöhnlich an seine Mutter. Sie ist näher, leichter zugänglich, hat mehr Zeit und ein offeneres Ohr. Sie versteht einen besser und ist schneller bereit, die Tränen ihrer Kinder zu trocknen und deren Wünsche zu erfüllen. Deshalb begannen die Christen schon in der Antike zu Maria, der Mutter Jesu, zu beten. Im Mittelalter entwickelte sich eine sehr eigenwillige und intensive Marienfrömmigkeit. Sie lebt in vielen katholischen Ländern immer noch fort.

Die Protestanten lehnen das Gebet zu Maria ab. Denn sie befürchten, dass dadurch ein Mensch an die Stelle Gottes gesetzt wird. Diese Sorge war nicht ganz unberechtigt. Es gab Auswüchse der Marienverehrung, bei denen man den Eindruck hatte, die Gottesmutter sei die eigentliche Gottheit. Doch sollte man nicht zu schnell und zu harsch urteilen. Denn die alten Mariengebete besitzen ihren eigenen Zauber. Sie sind so innig und direkt. Sie achten nicht auf theologische Korrektheit. Wie ein Kind seiner Mutter alles sagt, was es bedrückt, und dies unmittelbar und bunt durcheinander, so schütten die Gläubigen in den alten Mariengebeten ihre Herzen aus, frei und voller Vertrauen und nicht selten mit einer großen Schönheit – wie in den Marienliedern aus »Des Knaben Wunderhorn« oder denen von Joseph von Eichendorff.

Marienlied

Wenn ins Land die Wetter hängen
Und der Mensch erschrocken steht,
Wendet, wie mit Glockenklängen,
Die Gewitter Dein Gebet,
Und wo aus den grauen Wogen
Weinend auftaucht das Gefild,
Segnest Du's vom Regenbogen –
Mutter, ach, wie bist Du mild!

Wenn einst dunkelt auf den Gipfeln
Und der kühle Abend sacht
Niederrauschet in den Wipfeln:
O Maria, heilge Nacht!
Laß mich nimmer wie die andern,
Decke zu der letzten Ruh
Mütterlich den müden Wandrer
Mit dem Sternenmantel zu.

Joseph von Eichendorff (1788 bis 1857), deutscher Dichter

Madonna

Die Julisonne
rollte rot als Feuerball,
Die allerreinste Mutter
trug ihr Kind durch den Boulevard.
Ein kurzer Rock,
der Kopf: ein goldner Schopf,
Haarnadeln,
und das Antlitz: kühl und klar.

Es folgten ihr:
Zwei junge, traurige Soldaten.
Du allerreinste Mutter –
hört ich den einen schüchtern sagen –
erlaube uns mit deinem Kind
den Weg da lang zu gehen!
Und lachend streckt der Knabe
die Hände ihm entgegen.
Es gingen diese Vier,
gesegnet und geheiligt,
die Muttergottes von der Peterstraße,
ihr Kind
und die Soldaten.

Jelena Blaginina (1903 bis 1989), russische Dichterin

WARUM BETEN MANCHE CHRISTEN ZU HEILIGEN?

Vielen Christen genügte die Marienverehrung nicht. Sie brauchten noch mehr himmlisches Personal, an das sie ihre Gebete richten konnten. Schon früh hatten die Christen damit begonnen, ihre Märtyrer zu verehren, d. h. diejenigen, die bei den großen Verfolgungen für den christlichen Glauben gestorben waren. Zu diesen gesellten sich allerlei wundertätige Apostel, bedürfnislose Mönche und große Kirchenfürsten. Das fromme Volk fand immer wieder neue Gestalten, in denen es Heilige sah. Die kirchliche Obrigkeit stellte dann in einem aufwendigen theologisch-juristischen Prüfverfahren fest, wer offiziell zu dieser Gruppe zu zählen und entsprechend zu verehren sei.

Wichtigste Aufgabe der Heiligen ist es, das Gebet der Gläubigen zu unterstützen. Da sie so nah bei Gott sind, wie kein Mensch es je sein könnte, sind sie in der Lage, die Anliegen der Betenden direkt und mit Nachdruck vor den Allerhöchsten zu bringen. Sie werden also nicht direkt angebetet, sondern sie werden gebeten, für die Betenden zu beten. Immer dann, wenn eine Aufgabe ausufert, empfiehlt es sich, sie auf mehrere Schultern zu verteilen. Wie auf der Erde, so gibt es auch im Himmel Arbeitsteilung. Für fast jedes besondere Anliegen und für fast jede besondere Personengruppe ist jeweils ein Heiliger direkt zuständig. Zum Beispiel:

für die Armen	St. Franziskus
gegen die Armut	St. Lucia
für die Haustiere	St. Ambrosius
gegen Furunkeln	St. Antonius von Ägypten
für die Antialkoholiker	St. Martin
für die Jugend	St. Aloysius von Gonzaga
für die verwahrloste Jugend	St. Hiernoymus aemiliani
für die Latrinenreiniger	Papst Julius I.
für die Autofahrer	St. Christophorus
bei Fragen der Berufswahl	St. Aloysius von Gonzaga
für das Fernsehen	Clara von Assisi
für das Internet	St. Isidor von Sevilla
für Handys	Erzengel Gabriel
gegen Schnupfen	St. Maurus
gegen das Bettnässen	St. Crescentia
für die Prüfungskandidaten	St. Joseph von Copertino
gegen die Tanzwut	Johannes der Täufer
für das Wiederfinden verlorener Gegenstände	St. Antonius von Padua

Man könnte diese willkürliche Liste ins Unendliche fortschreiben. Nur für den weltweit beliebtesten Sport, den Fußball, gibt es anscheinend noch keinen zuständigen Heiligen.

Viele Christen sehen das Ziel des christlichen Lebens darin, selbst Heilige zu werden. Dafür aber muss man nicht unbedingt Wunder tun, allen irdischen Genüssen abschwören oder sein Leben für den Glauben dahingeben. Wenn die Hauptaufgabe der Heiligen die Fürbitte ist, dann reicht es schon, wenn man selbst ein Fürbitter wird. In all den eigenen Gebeten nicht nur für sich selbst, sondern auch für andere – Nächste und Fernste – zu beten, ist schon ein Akt von Heiligkeit.

Das Kreuz

In den alten Kirchen im Süden
schlage ich manchmal das Kreuz,
um das Gespräch mit dem Heiligen
zu erleichtern. Es wirkt. Ich rede
dann lange mit den salpetrigen Engeln,
die in den feuchten Ecken leben,
in einem Gemisch aus Demut
und Orthodoxie. In Barcelona,
im Dom, verließ die heilige Milena
ihr verstaubtes Fresko, eine junge Frau,
und setzte sich zu mir
auf die kalten Marmorstufen des Altars.
Wir mußten flüstern. Um uns herum
alte Damen, die statt des Rosenkranzes
ihre Einkaufsnetze hielten. Es roch
nach Minze, Weihrauch, Apfelsinen.
Milena zeigte auf einen Wanderer
auf einem dunklen Bild, der einen Blitz
anstarrte, eine zuckende Natter am Himmel.
Das wirst du sein, sagte sie, du wirst
diesen Weg gehen müssen, aber keine Angst,
ich werde hier auf dich warten.

Michael Krüger (*1943),
deutscher Schriftsteller und Verleger

WAS HILFT ES, WENN WIR FÜR ANDERE BETEN – UND SIE FÜR UNS?

An Gott glauben — das kann einem keiner abnehmen. Niemand kann für uns glauben. Es kann ja auch kein anderer an unserer Stelle unser Leben führen, Schmerz empfinden oder glücklich sein. Was für den Glauben gilt, trifft auch für seine wichtigste Lebensäußerung, das Beten, zu. Wenn es uns ein echtes Anliegen ist, müssen wir uns schon selbst bemühen. Aber trotzdem besteht eine wesentliche Aufgabe des Betens auch darin, dass wir für andere und andere für uns beten, wir also stellvertretend füreinander einstehen. Worin der Sinn dieses Fürbittens liegt, zeigt ein schönes altes Gedicht. Der Verfasser ist unbekannt. Er war wahrscheinlich ein Mann aus dem Volk und dennoch ein großer Dichter. Er schreibt kein sauberes Hochdeutsch. Aber was ihm an grammatischer Korrektheit fehlt, macht er durch Märchenzauber und rhythmischen Atem wett. Das Gedicht stammt aus »Des Knaben Wunderhorn«.

Das bucklichte Männlein

Will ich in mein Gärtlein gehen,
Will mein Zwiebel gießen,
Steht ein bucklicht Männlein da,
fängt als an zu niesen.

Will ich in mein Küchel gehen,
Will mein Süpplein kochen,
Steht ein bucklicht Männlein da,
Hat mein Töpflein brochen.

Will ich in mein Stüblein gehen,
Will mein Müslein essen,
Steht ein bucklicht Männlein da,
Hat's schon halber gessen.

Will ich auf mein Boden gehen,
Will mein Hölzlein holen,
Steht ein bucklicht Männlein da,
Hat mir's halber g'stohlen.

Will ich in mein Keller gehen,
Will mein Weinlein zapfen,
Steht ein bucklicht Männlein da,
Tut mir'n Krug wegschnappen.

Setz ich mich ans Rädlein hin,
Will mein Fädlein drehen,
Steht ein bucklicht Männlein da,
Lässt mir's Rad nicht gehen.

Geh ich in mein Kämmerlein,
Will mein Bettlein machen,
Steht ein bucklicht Männlein da,
Fängt als an zu lachen.

Wenn ich an mein Bänklein knie,
Will ein bisslein beten,
Steht ein bucklicht Männlein da,
Fängt als an zu reden:
Liebes Kindlein, ach ich bitt,
Bet' für bucklicht Männlein mit.

Das Gedicht erzählt ein Märchen. Es scheint wie für Kinder gemacht. Aber das heißt natürlich nicht, dass es harmlos wäre. Sein Humor ist nicht ohne Grausamkeit. Die vielen Verkleinerungsformen verschleiern die Abgründe, die hier lauern. Doch der erste Eindruck des Niedlichen kann nicht darüber hinwegtäuschen, dass es hier um eine ernste, geheimnisvolle Frage geht. Aber was ist die Frage? Und wie lautet die Antwort?

Zunächst: Wer ist das bucklige Männlein? Es ist wohl ein Hauskobold, ein kleiner, dämonischer Störgeist. Dieses Rumpelstilzchen fällt dem Mädchen, das im Haus lebt und arbeitet, lästig. Andauernd stört es. Nie gibt es Ruhe. Es hat ein fantastisches Gespür für den falschen Moment. Dann ist es verlässlich zur Stelle und macht mit einem kleinen Streich alle Arbeit zunichte. Alle Mühe war umsonst, wenn es erscheint. Dabei stellt es gar nichts großartig Schlimmes an. Es niest, zerbricht den Topf, isst und trinkt, zerwühlt das Bett. Aber das genügt schon, um das Mädchen zu ärgern. Warum tut es dies nur? Was will es eigentlich?

Etwas drängt es, lässt es nicht los, lässt es keine Ruhe geben. Was dies ist, deutet sich in der letzten Strophe an. Das Mädchen will ein bisschen beten (wie geht das eigentlich?). Und wieder kommt der kleine Dämon und unterbricht die fromme Konzentration des Mädchens. Aber diesmal ärgert er es nicht, sondern rührt es an. Er bittet um Fürbitte. Warum? Weil der Kobold selbst nicht beten kann? Oder weil er sein Erbarmen braucht? Vielleicht wollte er ihm das schon immer sagen und konnte es nur nicht ausdrücken. Vielleicht waren seine Streiche nur Rufe nach Aufmerksamkeit. Vielleicht wollte er einfach nur von dem Mädchen beachtet und geliebt werden und wusste bloß nicht, wie er es richtig anstellen sollte. Jetzt aber gelingt es ihm. Und er kann es sagen: »Liebes Kindlein, ach ich bitt, bet' für bucklicht Männlein mit.« Es ist wahrscheinlich, dass das Mädchen sich seiner erbarmt und für ihn gebetet hat. So wird sie ihr Herz einen Spalt weit für ihn geöffnet haben, damit er nicht mehr so einsam ist und von seiner Koboldhaftigkeit erlöst wird.

Solch ein bucklicht Männlein steckt in jedem Menschen. Deshalb wäre es gut, wenn viele − Mädchen, Jungen, Männer und Frauen − für andere bucklicht Männlein und Weiblein beten würden − und umgekehrt. Der Apostel Paulus hat die Christen gelehrt: »Lass dich nicht vom Bösen überwinden, sondern überwinde das Böse mit Gutem.« Ein Schritt auf diesem Weg ist die Fürbitte, in der einer den anderen in sein Herz nimmt und für ihn vor Gott eintritt.

»Das Gebet, das ein Mensch spricht mit aller seiner Macht, hat große Kraft. Es macht ein saures Herz süß, ein trauriges Herz froh, ein armes Herz reich, ein dummes Herz weise, ein blödes Herz kühn, ein krankes Herz stark, ein blindes Herz sehend, eine kalte Seele brennend. Es zieht den großen Gott hernieder in ein kleines Herz. Es treibt die hungrige Seele hinauf zu dem Gott der Fülle.«

Mechthild von Magdeburg (um 1208 bis 1282),
mittelalterliche Mystikerin

WENN DU SEHNSUCHT HAST ...

(nach Psalm 42, 63 und 73)

Wie der Hirsch nach frischem Wasser lechzt,
so schreit meine Seele nach Dir.
Meine Seele dürstet nach Dir,
ich bin wie vertrocknetes Land.
Wann werde ich Dein Gesicht schauen
und Deine Stimme hören?
Wenn ich im Bett liege, denke ich an dich,
wenn ich wach bin, halte ich Ausschau nach Dir.
Warum bin ich so unruhig
und finde keine Ruhe in mir selbst?
Ich warte auf Dich, komm endlich,
komm, dann will ich Dir dankbar sein.
Wenn ich nur Dich habe,
will ich sonst nichts im Himmel und auf Erden.
Denn Du bist mein ganzer Trost,
bei Dir zu sein ist meine höchste Freude.

Ein Gebet über das Glück im Unglück

In Dir ist Freude
in allem Leide,
o Du süßer Jesu Christ!
Durch Dich wir haben
himmlische Gaben,
Du der wahre Heiland bist;
hilfest von Schanden,
rettest von Banden.
Wer Dir vertrauet,
hat wohl gebauet,
wird ewig bleiben.
Halleluja.
Zu Deiner Güte
steht unser G'müte,
an Dir wir kleben
im Tod und Leben,
nichts kann uns scheiden.
Halleluja.

Cyriakus Schneegass (1546 bis 1597),
evangelischer Pfarrer und Dichter

WAS NÜTZT EIN GEBET?

In den Vereinigten Staaten wurde vor Kurzem in einer seriösen Fachzeitschrift eine wissenschaftliche Untersuchung über den Nutzen von Gebeten veröffentlicht. Sie dokumentiert folgendes Experiment: Eine größere Anzahl von Patienten, denen eine Herzoperation bevorstand, wurde in drei Gruppen aufgeteilt. Der ersten Gruppe wurde angekündigt, dass ein Gebetsteam – bestehend aus Christen unterschiedlicher Kirchen – für sie vielleicht beten würde – und es wurde tatsächlich für sie gebetet. Der zweiten Gruppe wurde gesagt, dass für sie vielleicht gebetet würde – aber es wurde nicht für sie gebetet. Und die dritte Gruppe bekam zu hören, dass für sie auf jeden Fall gebetet würde – und so geschah es dann auch. Anschließend wurde untersucht, bei wie vielen Patienten es nach der Operation zu Komplikationen kam. Das Ergebnis ist ebenso überraschend wie enttäuschend. Denn zu den meisten postoperativen Schwierigkeiten kam es bei der letzten Gruppe, bei denen also, die wussten, dass Fürbitte für sie gehalten wurde. Warum erging es gerade der dritten Gruppe so schlecht? Lag es etwa daran, dass sie die Ankündigung der Fürbitte als Bedrohung auffasste? Im Sinne von »Geht es mir schon so schlecht, dass für mich gebetet werden muss?«.

Was aber ist überhaupt die Aussage dieses Experiments? Erbringt es den wissenschaftlichen Beweis dafür, dass Beten nutzlos ist? Natürlich nicht, denn es krankt an einem grundlegenden Denkfehler: Das Gebet ist wesentlich ein Teil des inneren Lebens, kein äußerliches Ding, das sich messen ließe. Seine Wirkungen zeigen sich nicht in direkten Veränderungen der äußeren Wirklichkeit – nach Ursache und Wirkung. Das Experiment hat also ein viel zu oberflächliches und technizistisches Verständnis vom Beten.

Der eigentliche Sinn und der wahre Nutzen des Gebets lassen sich nicht durch solche wissenschaftlichen Untersuchungen ermessen. Er zeigt sich nur im seelischen Leben dessen, der betet. Und er zeigt sich oft gerade dann, wenn die Bitten um Hilfe und Heilung nicht direkt erfüllt werden. Denn das Glück des Betens besteht weniger darin, dass Bitten erhört werden, als eher darin, dass es überhaupt gehört wird, dass also Seele und Gott in Kontakt treten und sich gegenseitig verstehen.

Dies hat der deutsche Dichter Heinrich Heine am Ende seines Lebens erlebt. Jahrelang musste er elend und schwer krank in einer armseligen »Matratzengruft« liegen. Hier aber erfuhr er, was ein Gebet nützen kann: »Ich bin nur ein armer Mensch, der obendrein nicht mehr ganz gesund und sogar sehr krank ist. In diesem Zustand ist es eine wahre Wohltat für mich, dass es jemand im Himmel gibt, dem ich beständig die Litanei meiner Leiden vorwimmern kann, besonders nach Mitternacht. Gottlob! In solchen Stunden bin ich nicht allein, und ich kann beten und flennen, soviel ich will, und ohne mich zu genieren, und ich kann ganz mein Herz ausschütten vor dem Allerhöchsten und ihm manches vertrauen, was wir sogar unserer eigenen Frau zu verschweigen pflegen.«

>>Alles, was ihr bittet im Gebet –

wenn ihr glaubt,

so werdet ihr es empfangen.<<

Jesus von Nazareth

(Matthäusevangelium 21,22)

**WENN DU EINEN
MENSCHEN VERLOREN HAST ...**

(nach Psalm 126)

Wenn Du mich aus meiner Trauer erlöst,
werde ich sein wie ein Träumender.
Dann wird mein Mund voller Lachen sein
und meine Zunge voll des Lobes.
Ach, hole mich zurück aus meiner Gefangenschaft
und befreie mich aus meinem Schmerz.
Ich säe meine Tränen aus,
lass mich mit Freuden ernten.
Ich gehe hin und weine
und streue meine Samenkörner,
lass mich wiederkommen mit Freude
und reiche Ernte einbringen.

Nachtgebet des Augustinus

Wache Du, Herr, mit denen,
die wachen oder weinen in dieser Nacht.
Hüte Deine Kranken,
lass Deine Müden ruhen,
segne Deine Sterbenden.
Tröste Deine Leidenden.
Erbarme Dich Deiner Betrübten
und sei mit Deinen Fröhlichen.

»Gebete bitten um etwas,
was, wie wir fest vertrauen,
geschehen wird.«

Bruno Bettelheim (1903 bis 1990),
österreichisch-amerikanischer Psychologe

Alltagsgebet

Herr der Töpfe und Pfannen,
ich habe keine Zeit, eine Heilige zu sein
und Dir zum Wohlgefallen in der Nacht zu wachen,
auch kann ich nicht meditieren
in der Morgendämmerung und im stürmischen
    Horizont.
Mache mich zu einer Heiligen,
indem ich Mahlzeiten zubereite und Teller wasche.
Nimm an meine rauhen Hände,
weil sie für dich rauh geworden sind.
Kannst Du meinen Spüllappen als einen Geigenbogen
    gelten lassen,
der himmlische Harmonie hervorbringt auf einer
    Pfanne?
Sie ist so schwer zu reinigen und ach, so abscheulich.
Hörst Du, lieber Herr, die Musik, die ich meine?
Die Stunde des Gebetes ist vorbei,
bis ich mein Geschirr vom Abendessen gespült habe,
und dann bin ich sehr müde.
Wenn mein Herz noch am Morgen bei der Arbeit
    gesungen hat,
ist es am Abend schon längst vor mir zu Bett gegangen.
Schenke mir, Herr, Dein unermüdliches Herz,
dass es in mir arbeite statt des meinen.
Mein Morgengebet habe ich in die Nacht gesprochen
    zur Ehre Deines Namens.
Ich habe es im Voraus gebetet für die Arbeit des
    morgigen Tages,

die genau dieselbe sein wird wie heute.
Herr der Töpfe und Pfannen,
bitte darf ich Dir anstatt gewonnener Seelen die
    Ermüdung anbieten,
die mich ankommt beim Anblick von Kaffeesatz und
    angebrannten Gemüsetöpfen?
Erinnere mich an alles, was ich leicht vergesse; nicht
    nur um Treppen zu sparen,
sondern, dass mein vollendet gedeckter Tisch ein
    Gebet werde.
Herr, nimm meine Betrachtung an, weil ich keine Zeit
    habe für mehr.
Herr, mache Dein Aschenbrödel zu einer himmlischen
    Prinzessin;
erwärme die ganze Küche mit Deiner Liebe und
    erleuchte sie mit Deinem Frieden.

Dieses Gebet wird der spanischen Mystikerin Theresa von
Avila (1515 bis 1582) zugeschrieben.

»Der Geist Gottes hilft uns in unserer Schwach-
heit. Wir wissen nicht, was wir beten sollen, wie es
richtig wäre. Aber der Heilige Geist tritt an unser Stelle
und betet für uns mit unaussprechlichem Seufzen.«

Apostel Paulus (Brief an die Römer 8,26)

»Die Menschen meinen,

sie beten vor Gott.

Aber es ist nicht so,

denn das Gebet selbst ist die Gottheit.«

Jüdisches Sprichwort

Das Gebet

Er kniete nieder und
    schickte seine bisherigen Gebete fort.
Sie passten nicht. Eins nach dem anderen
    kamen sie zu seinen Lippen und wurden
verschluckt, aber ohne Ärgernis.
    Er ließ sich zurückfallen
auf ein altes Gebet: Lehre mich verstehen,
    wofür ich beten soll. Er
horchte. Nach den Wettern seiner
    Bitten kam keine leise, kleine
Stimme, sondern die Parade
    der Geister, der Verwundeten
seiner früheren Fürbitten. Er
    streckte seine Hände aus, zur Schale geformt,
als sollten sie das Blut auffangen, das aus
    der Seite des Lebens tropfte. Sie
blieben trocken. Genau wie sein Mund.
    Aber das Gebet nahm Gestalt an:
Erlöse mich von der langen Dürre
    meines Sinns. Lass Blätter
vom herbstlichen Kreuz
    auf uns herabfallen, dass sie uns rein waschen
und unseren Herbst in Gold
    verwandeln durch die Fülle ihrer Quelle.

R. S. Thomas (1913 bis 2000),
walisischer Priester und Dichter

Ein Gebet ohne Bitten

Herr,
ich weiß nicht, was ich Dich bitten soll.
Nur Du weißt, was ich brauche.
Du liebst mich besser,
als ich mich selbst zu lieben weiß.
Ich wage Dich nicht zu bitten,
weder um Kreuze noch um Tröstungen,
ich bringe einfach mein Herz Dir dar.
Schlage oder heile,
beuge mich nieder oder richte mich auf.
Ich bete alle Deine Ratschläge an, ohne sie zu kennen.
Ich schweige nur,
ich bringe mich Dir zum Opfer;
ich gebe mich Dir hin.
Ich habe kein anderes Verlangen,
als Deinen Willen zu tun.
Lehre mich beten,
bete Du in mir.

François de Salignac de la Mothe Fénelon (1651 bis 1715),
katholischer Mystiker

»ERHABNER LEBENDIGER WILLE, den kein Name nennt, und kein Begriff umfaßt, wohl darf ich mein Gemüth zu dir erheben; denn du und ich sind nicht getrennt. Deine Stimme ertönt in mir, die meinige tönt in dir wieder; und alle meine Gedanken, wenn sie nur wahr und gut sind, in dir gedacht. – In dir, dem Unbegreiflichen, werde ich mir selbst, und wird mir die Welt vollkommen begreiflich, alle Räthsel meines Daseyns werden gelöst, und die vollendetste Harmonie entsteht in meinem Geiste.«

Johann Gottlieb Fichte (1762–1814), deutscher Philosoph

DARF MAN GOTT AUCH UM KLEINE DINGE BITTEN?

Solange man ein Kind ist, bittet man den lieben Gott um alles Mögliche. Großes und Kleines, Wichtiges und Unwichtiges, Egoistisches und Selbstloses gehen bunt durcheinander. Man bittet um einen roten Gummiball, eine gute Klassenarbeit, ein großes Eis, Frieden in der Familie. Wenn man dann ein Jugendlicher wird, werden Zweifel wach und Gefühle der Scham. Man fragt sich, ob solche Bittgebete überhaupt helfen, ob es denn einen Gott gibt, der sie hört und erfüllt. Selbst wenn man sich als Jugendlicher den Glauben an Gott bewahrt, mag man die alten Bittgebete der Kinderzeit nicht mehr sprechen. Denn sie erscheinen einem nun als unangemessen: wie peinlich, den Ewigen und Allmächtigen mit solchem Kleinkram zu belästigen. Er wird Wichtigeres zu tun haben, als sich die eigenen Alltagssorgen anzuhören. Wenn man also weiterhin betet, dann bittet man Gott nicht mehr um Kleinigkeiten, sondern um große Dinge, die für die ganze Welt von Bedeutung sind: Frieden, Gerechtigkeit, Bewahrung der Schöpfung.

Es hat Theologen gegeben, die aus einem frommen Widerwillen heraus das Bittgebet überhaupt aufgeben wollten. Sie meinten, das Bittgebet sei nur der Versuch, Gottes Willen zu beugen und ihn für die eigenen Zwecke einzuspannen. Wer wollte leugnen, dass in vielen Bitten ein tiefer Egoismus steckt? Man denke nur an all die ungezählten Kriegsgebete: Aus den verfeindeten Lagern steigen gleichzeitig Gebete in den Himmel, die um den eigenen Sieg und die Vernichtung der Gegner bitten. Viele Bittgebete versuchen so, Gott zu einem Erfüllungsgehilfen für selbstsüchtige Anliegen zu machen.

Alle Kritik am Bittgebet ist berechtigt und gehört zu jedem Glauben, der erwachsen werden will. Zugleich behält das Bittgebet aber sein tiefes Recht. So leicht lässt es sich nicht verbieten. Warum? Weil wir bedürftige Menschen sind, weil uns so vieles fehlt, weil wir in Ängsten leben, weil wir von Gott abhängig sind. Darum können wir gar nicht anders, als ihn um Hilfe anzurufen. Wer ihn aber anruft, zeigt an, dass er sich ihm ganz anvertraut, mit Leib und Seele, Haut und Haaren. Man sollte darum nicht zu vornehm und vernünftig in seinen Gebeten sein. Was die Seele wirklich belastet, das gehört hinein. Und wenn es die Sehnsucht nach einem roten Gummiball ist.

Das Kleine behält im Gebet sein Recht. Aber im Gebet kann sich seine Bedeutung verwandeln. Denn beim Beten verschiebt sich die Aufmerksamkeit des Menschen: Das Kleine ist hier nicht mehr nur klein, sondern Teil eines großen Ganzen. Man erkennt in ihm nun eine Schöpfung des ewigen Gottes. Dadurch aber erscheint es als unendlich wertvoll. Das einzelne Leben mit seinen unscheinbaren Freuden und Sorgen, das man so schnell übersieht und das statistisch so gar keine Rolle spielt, erscheint im Gebet als kostbar und einzigartig. Denn Gott hat es gemacht. Er achtet auf es und schaut es an. Er hört sich an, was es erfreut oder bedrängt. Darum sind ein Stück Brot oder ein schöner Sommertag oder eine ausgeheilte Kinderkrankheit keine Kleinigkeiten. Im Gebet ist nichts mehr unwichtig. Denn wer betet, der zieht gleichsam einen Vorhang von der Alltagswelt weg, in der die meisten Dinge selbstverständlich oder banal erscheinen, und plötzlich sieht man alles in einem ganz anderen, strahlenden Licht. Deshalb darf man Gott auch um kleine Dinge bitten. Man soll es sogar.

Gebet für kleine Dinge

Die Kunst der kleinen Schritte

Ich bitte nicht um Wunder und Visionen, Herr, sondern um Kraft für den Alltag. Lehre mich die Kunst der kleinen Schritte.

Mach mich findig und erfinderisch, um im täglichen Vielerlei und Allerlei rechtzeitig meine Erkenntnisse und Erfahrungen zu notieren, von denen ich betroffen bin.

Mach mich griffsicher in der richtigen Zeiteinteilung. Schenke mir das Fingerspitzengefühl, um herauszufinden, was erstrangig und was zweitrangig ist.

Laß mich erkennen, daß Träume nicht weiterhelfen, weder über die Vergangenheit noch über die Zukunft. Hilf mir, das Nächste so gut wie möglich zu tun und die jetzige Stunde als die wichtigste zu erkennen.

Bewahre mich vor dem naiven Glauben, es müßte im Leben alles glattgehen. Schenke mir die nüchterne Erkenntnis, daß Schwierigkeiten, Niederlagen, Mißerfolge, Rückschläge eine selbstverständliche Zugabe zum Leben sind, durch die wir wachsen und reifen.

Erinnere mich daran, daß das Herz oft gegen den Verstand streikt. Schick mir im rechten Augenblick jemand, der den Mut hat, mir die Wahrheit zu sagen.

Du weißt, wie sehr wir der Freundschaft bedürfen. Gib, dass ich diesem schönsten, schwierigsten, riskantesten und zartesten Geschenk des Lebens gewachsen bin.

Verleihe mir die nötige Phantasie, im rechten Augenblick ein Päckchen Güte, mit oder ohne Worte, an der richtigen Stelle abzugeben.

Mach aus mir einen Menschen, der einem Schiff mit Tiefgang gleicht, um auch die zu erreichen, die ›unten‹ sind.

Bewahre mich vor der Angst, ich könnte das Leben versäumen. Gib mir nicht, was ich mir wünsche, sondern was ich brauche. Lehre mich die Kunst der kleinen Schritte!

Antoine de Saint-Exupéry (1900 bis 1941),
französischer Schriftsteller

Großstadtgebete

Lieber Gott mach das ich mein Opa wieder sehen kann, bitte.

Hallo Gott, ich hoffe das mit L. hält lange. Mein Leben ist eigentlich ganz super hier, dafür danke ich Dir auch.

Ich bin einsam, brauch eine Frau, oh Herr, bitte, oh Herr, ich brauche Liebe.

Lieber Gott, hilf mir den richtigen Weg zu gehen. Ich bete und danke Dir für die Kraft und den Mut.

Herr, beschütze meine Familie und besonders meinen Mann nach seinem Herzinfarkt.

Danke dass Du in meinem Herzen bist, Du mich führst, dass ich dich spüren darf.

In vielen Innenstadtkirchen liegen Bücher aus, in welche die Besucher ihre Gebete und Gedanken eintragen können. Die hier zitierten Gebete stammen aus der Hauptkirche St. Petri, die mitten im Geschäftszentrum von Hamburg liegt.

Gebet um Weisheit

Gott, gib uns die Kraft, mit Gleichmut zu ertragen,
was sich nicht ändern lässt.
Gib uns den Mut, zu ändern, was zu ändern ist.
Und schenke uns die Weisheit, zwischen beidem zu
    unterscheiden.

Reinhold Niebuhr (1892–1971), nordamerikanischer Theologe

Wäre ich ein Gott, zu dem man betet ...

Wäre ich ein Gott, zu dem man betet,
ich käme in die größte Verlegenheit,
von einem Tonfall des Bittenden irgendwo gerührt zu
    werden.
Sobald das Bessere nur leise anklänge,
würde ich gleich Ja sagen,
»stärkend das Bessere mit einem Tropfen von meinem
    Tau«.
Somit würde von mir ein Teilchen gewährt,
und immer wieder nur ein Teilchen,
denn ich weiß ja sehr wohl,
daß das Gute in erster Linie bestehen muß,
aber doch ohne das Böse nicht leben kann.
Ich würde also in jedem einzelnen
die Gewichtsverhältnisse der beiden Teile ordnen,
bis zu einem gewissen Grad der Erträglichkeit.
Revolution würde ich nicht dulden,
wohl aber zu ihrer Zeit selbst machen.
Daran sehe ich, daß ich noch kein Gott bin.

Paul Klee (1879 bis 1940), Schweizer Maler

WIE KANN MAN GOTT UM ETWAS BITTEN, WENN ER DOCH ALLES WEIß UND VERMAG?

Das Gebet löst vor allem bei Menschen, die nicht glauben, viele Fragen aus. Aber eine grundsätzliche Frage müssen sich auch besonders überzeugte Gläubige stellen. Wenn es denn sicher ist, dass es einen Gott gibt, zu dem man sprechen und der einen hören kann, und dieser Gott allwissend und allmächtig sowie die reine Liebe und Güte ist, warum muss man ihn dann überhaupt noch um etwas bitten? Müsste man nicht davon ausgehen, dass er selbst am besten weiß, was zu tun ist? Sollte man nicht einfach stumm darauf vertrauen, dass er es schon richten wird?

Auf dieses Problem hat schon Martin Luther hingewiesen. In seinem »Kleinen Katechismus« hat er versucht, es am Beispiel des Vaterunsers darzustellen und aufzulösen. Die zweite Bitte dieses christlichen Hauptgebets lautet: »Dein Reich komme.« Was soll das bedeuten, fragt Luther, »Gottes Reich kommt auch ohne unser Gebet von selbst.« Warum also sollten wir Gott um das bitten, was er sich selbst schon vorgenommen hat? Und Luther erklärt: »Wir bitten in diesem Gebet, dass es auch zu uns komme.« Wir müssen Gott also nicht mit unserem Beten überzeugen oder motivieren, das Rechte zu tun. Dennoch ist unser Gebet nicht sinnlos. Denn indem wir bitten, dass es auch zu uns komme, öffnen wir uns für dieses Reich und machen uns für sein Kommen bereit.

Das Gebet ist kein Wunscherfüllungsautomat, kein

Lottoschein, bei dem der Hauptgewinn garantiert wäre. Überhaupt entscheidet sich die Frage, ob ein Gebet »gelingt«, nicht so sehr daran, ob alle Bitten erfüllt werden. Das eigentlich erhörte Gebet ist das Gebet, bei dem ich spüre, dass Gott mich hört, bei dem ich fühle, dass ich nicht ins Leere rede, sondern Gott sein Gesicht mir zuneigt, mir zuhört und mit lebendigen Worten antwortet. Darin liegt das wahre Geheimnis des Bittgebets: Indem ich Gott um das bitte, was er selbst auch will, klingt mein Wille mit seinem zusammen. Das ist sehr beglückend, aber auch schwer. Die dritte Bitte des Vaterunsers lautet: »Dein Wille geschehe.« Welcher Mensch, dem gerade ein Unglück zugestoßen ist, kann sie ohne Stocken nachsprechen? Oft genug möchte man Gott entgegenhalten: »Nein, nicht Dein Wille, sondern meiner geschehe, bitte!« Dennoch liegt genau darin der Sinn des christlichen Bittens, dass unser Wille mit dem Willen Gottes eins wird, dass wir ihm gegenüber nicht fremde Bittsteller bleiben, die um Almosen betteln, sondern seine Freunde werden, die mit ihm einverstanden sind. Ein solches Gebet ist gut für uns selbst. In ihm nehmen wir Abschied von uns selbst und unserem eigenen Willen, um uns vor Gott selbst neu zu finden. Ein solches Gebet ist wie eine Axt, mit der wir das gefrorene Meer in uns aufbrechen.

»WIE GROSS IST DOCH DIE MACHT DES GEBETS! Man könnte es mit einer Königin vergleichen, die immer freien Zutritt zum König hat und alles erhält, worum sie bittet. Es ist durchaus nicht nötig, ein schönes, für den entsprechenden Fall formuliertes Gebet aus einem Buch zu lesen, um Erlösung zu finden. Ich sage Gott ganz einfach, was ich ihm sagen will, ohne schöne Worte zu machen, und er versteht mich. Für mich ist das Gebet ein einfacher Blick zum Himmel, ein Ruf der Dankbarkeit und der Liebe, aus der Mitte der Mühsal wie aus der Mitte der Freude. Es ist etwas Großes, das mir die Seele weitet und mich mit Jesus vereint.«

Therese von Lisieux (1873 bis 1897), französische Nonne

KANN MAN AUCH FÜR GOTT BETEN?

Rainer Maria Rilke hat unzählige Gedicht-Gebete geschrieben. Sie zeichnen sich durch den hohen Ton einer drängenden Sehnsucht aus. Nicht selten übertreibt er es damit. Das gibt nicht wenigen seiner Gedichte etwas Pompöses und Unnatürliches. Man weiß beim Lesen nicht recht zu sagen, ob Rilke in seinen Kunstgebeten nicht nur eine Rolle spielt und diese Rolle sogleich überdehnt, weil er über eine einfache Frömmigkeit schon nicht mehr verfügt. In einem seiner Gedichte aber gelingen ihm sehr anregende und aufregende Formulierungen. In einem dreht er die Logik des Gebets um. Das Gedicht ruft nach Gott, dem fremden Nachbarn, und zwar nicht, um eigene Bitten an ihn heranzutragen, sondern um ihn aus seiner Einsamkeit zu locken und ihn von den Lasten seiner Göttlichkeit zu erlösen.

Du, Nachbar Gott, wenn ich dich manchesmal
in langer Nacht mit hartem Klopfen störe, –
so ists, weil ich dich selten atmen höre
und weiß: Du bist allein im Saal.
Und wenn du etwas brauchst, ist keiner da,
um deinem Tasten einen Trank zu reichen:
Ich horche immer. Gib ein kleines Zeichen.
Ich bin ganz nah.

Nur eine schmale Wand ist zwischen uns,
durch Zufall; denn es könnte sein:
ein Rufen deines oder meines Munds –
und sie bricht ein
ganz ohne Lärm und Laut.

Aus deinen Bildern ist sie aufgebaut.

Und deine Bilder stehn vor dir wie Namen.
Und wenn einmal das Licht in mir entbrennt,
mit welchem meine Tiefe dich erkennt,
vergeudet sichs als Glanz auf ihren Rahmen.

Und meine Sinne, welche schnell erlahmen,
sind ohne Heimat und von dir getrennt.

VERFASSEN DICHTER BESSERE GEBETE ALS PASTOREN?

Einer der besten deutschen Dichter war zugleich einer der schlechtesten Pastoren, die je in der evangelischen Kirche Dienst getan haben. Eduard Mörike (1804 bis 1875) hat sein Predigtamt nur unter größtem Widerwillen und weniger als halbherzig wahrgenommen. Das Predigen war ihm so zuwider, dass er um einen Vikar, einen Stellvertreter, bat. Er bekam ihn. Doch schon der Besuch eines Gottesdienstes in der eigenen Gemeinde war ihm kaum mehr möglich. Nicht selten soll es vorgekommen sein, dass Mörike sich, wenn sein Vertreter predigte, aus der Kirche schlich und sich im Pfarrgarten unter einen Baum legte. Doch sowenig ihm das öffentliche Predigen gelingen wollte, in Gedichtform brachte er ein wunderbares Gebet zu Papier. Es klingt zunächst etwas altertümlich, unrein in den Reimen (»willt« – »quillt«, »Freuden« – »Leiden«) und in seiner Bitte um die rechte Mitte etwas harmlos. Doch wenn man es sich ein paarmal laut vorgelesen hat, wird einem die Tiefe und die Schönheit seiner Gottvertrautheit und Menschenkenntnis aufgehen.

Herr, schicke, was du willt,
Ein Liebes oder Leides!
Ich bin vergnügt, daß beides
Aus Deinen Händen quillt.

Wollest mit Freuden,
Und wollest mit Leiden
Mich nicht überschütten!
Doch in der Mitten
Liegt holdes Bescheiden.

KANN MAN FALSCH BETEN?

Gott dürfte an gelungene und missratene, mehr oder weniger durchdachte Gebete gewöhnt sein. Man sollte sich also beim Beten einerseits konzentrieren, andererseits sollte man sich nicht unnötig unter einen sprachlichen oder theologischen Leistungsdruck setzen. Man sollte Gott sein Herz ausschütten. Gott wird schon verstehen, wie es gemeint ist.

Nur eines darf man nie tun: Gott um etwas bitten, das anderen schaden würde. Wer böse Gedanken, Rachewünsche, Neidgefühle oder Gewaltträume in seine Gebete mischt, der verkehrt den Sinn des Gebets und betet zu einem falschen Gott. Wer versucht ist, so etwas zu tun, der sollte Gott darum bitten, dass er ihn von solchen satanistischen Ideen befreie und ihm einen Weg zeige in ein Leben der Liebe.

»O heiliger St. Florian,
schütz unser Haus,
zünd' andere an!«

Aus Süddeutschland

GIBT ES WITZIGE GEBETE?

Lieber Gott, nimm es hin,
dass ich was Besond'res bin.
Und gib ruhig einmal zu,
dass ich klüger bin als du.
Preise künftig meinen Namen,
denn sonst setzt es etwas, Amen.

Robert Gernhardt (1937 bis 2006) war einer der besten deutschen Satiriker. Dieses Gedicht, das Otto Waalkes einer großen Öffentlichkeit bekannt gemacht hat, hat Gernhardt viel Ärger eingetragen. Fromme Gemüter erregten sich über diese unfrommen Verse, in denen ein ausgesprochen unverschämter Beter seinem Herrgott mehr als arrogant entgegentritt. Aber ist dieses Gebet wirklich eine Gotteslästerung? Seiner Form nach – durch die einfache Sprache und den etwas holprigen Rhythmus – erinnert es an ein altes Kindergebet.

Es lautet: »Lieber Gott, mach mich fromm, dass ich in den Himmel komm.« Dies ist näher betrachtet ein recht unverschämtes Gebet. Denn die erbetene Frömmigkeit ist hier kein Wert an sich, sondern der Beter wünscht sie sich nur, damit er später in den Himmel kommt und in alle Ewigkeit ein paradiesisches Leben führen kann. Hinter seinem Verlangen nach Frömmigkeit steckt also – wenn auch religiös verkleidet – nackter Egoismus. Scheinbar unterwirft sich der Beter seinem Gott, in Wirklichkeit jedoch erhebt er sich über ihn und macht ihn zum Instrument seiner eigenen Bedürfnisbefriedigung.

Diese unverschämte Frömmigkeit stellt Gernhardts Witzgedicht bloß. Er legt den gar nicht so heimlichen Egoismus der vermeintlich Frommen bloß, die sich dem »lieben Gott« verehrungsvoll nähern, um sich sofort über ihn zu stellen. Der Beter in seinem Gedicht stellt sich dabei besonders dumm an. Denn wie ein angeberischer Schuljunge fordert er von Gott Verehrung und droht ihm für den Fall, dass er sie ihm verweigert, Prügel an. Das ist natürlich eine lachhafte, lustige Vorstellung. Aber dieses Lachen geht nicht auf Gottes Kosten, sondern auf die des lächerlich größenwahnsinnigen Beters. Indem Gernhardts Gedicht sich über diesen Größenwahnsinnigen lustig macht und dadurch die unendliche Unterschiedenheit zwischen Gott und Mensch einschärft, ist es gerade keine Blasphemie, sondern eigentlich sehr fromm.

Ringelnatz' Nachtgebet

Erstes
Lieber Gott, ich liege
Im Bett. Ich weiß, ich wiege
Seit gestern fünfunddreißig Pfund.
Halte Pa und Ma gesund.
Ich bin ein armes Zwiebelchen,
Nimm mir das nicht übelchen.

Zweites
Lieber Gott, recht gute Nacht.
Ich hab' noch schnell Pipi gemacht,
Damit ich von dir träume.
Ich stelle mir den Himmel vor
Wie hinterm Brandenburger Tor
Die Lindenbäume.
Nimm meine Worte freundlich hin,
Weil ich schon sehr erwachsen bin.

Drittes

Lieber Gott mit Christussohn,
Ach schenk mir doch ein Grammophon.
Ich bin ein ungezogenes Kind,
Weil meine Eltern Säufer sind.
Verzeih mir, dass ich gähne.
Beschütze mich in aller Not,
Mach meine Eltern noch nicht tot
Und schenk der Oma Zähne.

Joachim Ringelnatz (1883 bis 1934), deutscher Dichter

Jüdisches Abendgebet

Gib, dass wir uns hinlegen, Gott, zum Frieden
und lass uns wieder aufstehen zum Leben.
Breite über uns das Zelt Deines Friedens
und richte uns auf durch ein Wort von Dir.
Hilf uns um Deines Namens willen, schütze uns
und wende von uns ab Hass, Krankheit und Gewalt.
Lass jedes Hindernis weichen vor uns und hinter uns.
Birg uns im Schatten Deiner Flügel,
denn Du bist ein gnädiger und barmherziger Gott.
Behüte unser Kommen und Gehen zum Frieden
und zum Leben von nun an bis in Ewigkeit.

WENN DU SCHLAFEN GEHST ...

(Nach Psalm 121)

Ich schaue empor zum Himmel,
woher kommt meine Hilfe?
Meine Hilfe kommt von Dir,
Du hast Himmel und Erde geschaffen.
Du wirst meinen Fuß nicht gleiten lassen,
Du schläfst nicht.
Du spendest mir Schatten,
damit mich am Tag die Sonne nicht sticht
noch der Mond in der Nacht.
Du behütest mich vor allem Übel,
Du behütest meine Seele.
Behüte meinen Ausgang und Eingang
von jetzt an bis in Ewigkeit.

GIBT ES UNVERSCHÄMTE GEBETE?

Gar nicht so selten scheint es in einigen frühen Religionen zu recht unerhörten Gebeten gekommen zu sein. Wenn ein Gebet nicht erhört wurde, meinten manche Beter ihren Gott beschimpfen zu müssen. Manchmal bestraften sie ihn regelrecht, indem sie sein Bildnis schlugen, peitschten, bespuckten oder sogar anpinkelten.

Ein solches Gebet ist von einem Zulu überliefert: »Wann haben wir es unterlassen zu opfern und deine Ehrennamen zu wiederholen? Warum bist du denn so knauserig? Besserst du dich nicht, dann werden wir alle deine Ehrennamen in Vergessenheit geraten lassen! Was ist dann dein Los? Dann kannst du gehen und Grashüpfer essen! Bessere dich, sonst vergessen wir dich! Was nützt es denn, wenn wir für dich schlachten und dich mit deinen Ehrennamen preisen? Du verschaffst uns ja weder Saat noch Viehreichtum! Du erweist uns keinen Dank für alle unsere Mühe. Ganz und gar wollen wir dich verstoßen und zu anderen Menschen sagen, dass wir überhaupt keine Ahnengeister haben. Das ist dann dein Schaden. Wir sind über dich ärgerlich.«

Andererseits haben auch einige verehrungswürdige Gestalten durchaus gelehrt, man solle im Gebet nicht allzu katzenpfötig um Gott herumschleichen, sondern ihm durchaus auf den Leib rücken. Mohammed meinte, dass Gott diejenigen besonders liebe, »die recht zudringlich sind in ihrem Gebet«. Und Luther riet, man solle Gott, wenn er nicht hören und antworten wolle,

»mit Anklopfen und heftigem feindlichen Anhalten einen Verdruss machen«. Denn: »Solch ein unverschämtes Gebet, das fest anhält und sich nicht abschrecken lässt, ihn anzuschreien, das gefällt Gott gut.«

Damit berief sich Luther auf Jesus, der gelehrt hatte, man solle ohne falsche Scham beten. So erzählte Jesus einmal von einer armen Witwe, der böse Menschen Unrecht angetan hatten. Der Einzige, der ihr helfen konnte, war der Richter der Stadt. Aber der war faul und gleichgültig. Er wollte sich keine Mühe machen. Doch die Witwe ließ sich nicht abwimmeln. Wieder und wieder bedrängte sie den Richter und forderte, dass er ihr endlich Recht verschaffe. Schließlich gab er nach: »Wenn mir auch Recht und Unrecht eigentlich egal sind, will ich der Witwe doch helfen, allein schon weil sie sich so anstrengt und damit sie mir nicht irgendwann noch lästiger fällt.« Wenn schon ein schlechter Richter dem beharrlichen Bitten einer alten Witwe schließlich nachkommt, wie sollte da nicht Gott denjenigen helfen, die ihn beharrlich darum bitten?

Wer also in diesem Sinne unverschämt betet, betet richtig, denn er zeigt damit, dass er alles von Gott erwartet und ihm fest vertraut. Darum lehrte Jesus seine Jünger: »Bittet, so wird euch gegeben; sucht, so werdet ihr finden; klopft an, so wird euch aufgetan. Denn wer bittet, der empfängt; und wer sucht, der findet; und wer anklopft, dem wird aufgetan.«

WENN DU GANZ ALLEIN BIST ...

(nach Psalm 22)

Warum, warum hast Du mich verlassen?
Ich schreie, aber meine Hilfe ist fern.
Ich rufe am Tag, aber Du antwortest nicht,
und in der Nacht, aber ich finde keine Ruhe.
Ich bin ein Wurm und kein Mensch,
und die Leute verachten mich.
Alle, die mich sehen, verspotten mich
und zerreißen sich das Maul.
Sei doch wenigstens Du nicht feindlich,
denn kein Mensch hilft mir.
Ich bin ausgeschüttet wie Wasser,
und mein Herz ist wie zerschmolzenes Wachs.
Ich bin ausgetrocknet wie eine Scherbe
und liege schon im Staub des Todes.
Brüllende Stiere haben mich umringt
und wilde Hunde sind hinter mir her.
Aber Du, sei Du nicht fern,
und beeil Dich, mir zu helfen.
Rette mein Leben vor der Hundemeute
und beschütze mich vor den Hörnern der Stiere.
Dann will ich den Menschen von Dir erzählen
und ihnen sagen, wie Du mir geholfen hast.
Dann sollen sie Ehrfurcht vor Dir empfinden,
denn Du bist heilig und thronst über unseren Liedern.

Klagegebet aus dem Kongo

O Du großer Nzambi, Deine Schöpfung ist gut,
aber ein Elend bereitest Du uns durch den Tod!
Du hättest stattdessen es so machen sollen,
dass wir nie sterben müssten.
O Nzambi, wir haben große Trauer.

DARF MAN GEGEN GOTT BETEN?

Der unglücklichste Mensch in der Bibel war Hiob. Einst war er ein reicher, gesunder, angesehener und mit einer großen Familie gesegneter Mann. Doch traf ihn ein Unglück nach dem anderen. Er verlor Hab und Gut. Seine Kinder starben. Er wurde krank. Einige seiner Freunde kehrten ihm den Rücken zu, andere machten ihm mit Vorwürfen das Leben noch schwerer: Hiob müsse wohl große Sünden begangen haben, wenn Gott ihn so strafte.

Früher war Hiob ein vorbildlich frommer Mann gewesen. Doch das übermäßige Unglück raubte ihm seinen Glauben an die Liebe, Güte und Gerechtigkeit Gottes. Aber Hiob wandte sich nicht einfach von Gott ab. Er wurde nicht zum Atheisten, sondern er kämpfte mit Gott. Seine wichtigste Waffe war – so seltsam das erscheinen mag – das Gebet. In seinen Gebeten klagte Hiob Gott an, schrie ihn an und forderte ihn heraus. Er wollte, dass Gott seine Fehler eingesteht und seine Ungerechtigkeit zugibt. Indem er zu Gott betete, rang er mit ihm.

Ich schreie zu Dir, aber Du antwortest mir nicht;
ich stehe da, aber Du starrst mich nur an.
Du hast dich mir gegenüber in einen Grausamen ver-
    wandelt
und kämpfst mit Deiner starken Hand gegen mich.

Ich weiß, dass Du mich in den Tod gehen lassen wirst,
zu dem Haus, wo alle Lebendigen einmal zusammen-
kommen.
Ich weinte über die harte Zeit und meine Seele litt
unter dem Elend.
Ich wartete auf Glück, aber es kam Unglück.
Ich hoffte auf Licht, aber es kam Finsternis.
In mir kocht es und hört nicht auf,
mich überfallen Tage der Not.

Hiob 30,20 ff.

Am Ende der Hiob-Geschichte antwortet Gott dem zornigen Beter. Auf eine sehr merkwürdige Weise kommt es zur Versöhnung. Gott antwortet Hiob in einem strengen Ton und weist seine Anklagen zurück. Er belehrt ihn über den unendlichen Unterschied zwischen Gott und Mensch, der es verbietet, dass Menschen von Gott Rechenschaft für sein Tun einfordern. Dennoch, obwohl Hiob nicht einfach recht bekommt, beruhigt er sich. Allein die Tatsache, dass Gott seine Gebete angehört und ihnen geantwortet hat, lässt ihn seinen Frieden mit Gott schließen.

Gebet

Der du nur den gegenwärtigen Augenblick kennst,
o Herr,
der du dich an nichts erinnern kannst,
was vorher war,
der du die Schönheit bewunderst
eines toten Kindes
und der Liebenden, die sich in einem Feld
von gelben Blumen umarmen.

Du interessierst dich gleichermaßen
für das Schachspiel
und für die Risse in der Mauer des Armenhauses,
und beides ist dir gleich unbegreiflich.
Du, der du weißt, wie dem Tiger zumut ist
oder der Maus im Augenblick der Gefahr,
doch von meinem Kummer,
meiner Einsamkeit, und davon,
daß du mich endlos erschreckst, weißt du nichts.

*Charles Simic (*1938), amerikanischer Dichter*

Beethovens Verzweiflungsgebete

O Vorsehung – lass einmal einen reinen Tag der Freude
mir erscheinen – so lange schon ist der wahren Freude
inniger Widerhall mir fremd – o wann – o wann,
o Gottheit, kann ich im Tempel der Natur und der
Menschen ihn wieder fühlen – nie? Nein – o es wäre
zu hart.

O Gott, o Gott, sieh auf den unglücklichen Beethoven
herab, lass es nicht länger so dauern.

Zorngebet

Du hast mich aus aller Freude geholt.
Aber ich werde dennoch genau,
ganz genau, nur so lange darunter leiden,
als es mir selbst gefällig ist, Herr.
Du hast mich im Zustand der wildesten Hoffart
Und des zornigsten Mutes vor dir.
Heb deine Hand und schlage mich nieder,
ich werde dann nur um so höher springen,
und du wirst mich ewig vor Augen haben,
den kleinen, roten, zornigen Ball.
Jede Stelle wirft mich zu dir zurück,
weil du mich von jener einzigen Stelle,
wo ich Herz war und freudig und weich wie ein Vogel,
weggholtest, um mich zusammenzuballen
und ins ewige Leiden zu werfen.

Christine Lavant (1915–1973), österreichische Dichterin

**WENN DU ETWAS
ZUM FESTHALTEN BRAUCHST ...**

(nach Psalm 31)

Auf Dich setze ich mein Vertrauen,
lass mich nicht untergehen.
Neige Dein Ohr zu mir
und richte Deinen Blick auf mich.
Du bist mein Fels und meine Burg,
der feste Grund, auf dem ich stehe.
In Deine Hände lege ich meinen Geist,
denn Du bist mir treu.
Meine Seele hofft auf Dich,
denn Du bist für mich da.
Alle meine Tage sind in Dein Buch geschrieben,
meine Zeit steht in Deinen Händen.

Gebet einer trauernden Dichterin

Klagemauer Nacht!
Eingegraben in dir sind die Psalmen des Schweigens.
Die Fußspuren, die sich füllten mit Tod
Wie reifende Äpfel
Haben bei dir nach Hause gefunden.
Die Tränen, die dein schwarzes Moos feuchten
Werden schon eingesammelt.

Denn der Engel mit den Körben
Für die unsichtbaren Dinge ist gekommen.
O die Blicke der auseinandergerissenen Liebenden
Die Himmelschaffenden, die Weltgebärenden
Wie werden sie sanft für die Ewigkeit gepflückt
Und gedeckt mit dem Schlaf des gemordeten Kindes,
In dessen warmem Dunkel
Die Sehnsüchte neuer Herrlichkeiten keimen.

Im Geheimnis eines Seufzers
Kann das ungesungene Lied des Friedens keimen.

Klagemauer Nacht,
Von dem Blitze eines Gebetes kannst du zertrümmert
   werden
Und alle, die Gott verschlafen haben
Wachen hinter deinen stürzenden Mauern
Zu ihm auf.

Nelly Sachs (1891 bis 1970), deutsche Dichterin

WARUM WERDEN NICHT ALLE GEBETE ERHÖRT?

Auch wenn gläubige Menschen dem Gebet eine fast unendliche Kraft zusprechen, gibt es doch auch Grenzen. Es gibt Formen der Verzweiflung, die auch das intensivste Gebet nicht überwindet. Es gibt Gebete, welche die Not nicht wenden.

Die österreichische Dichterin Herta Kräftner (1928 bis 1951) litt unter einer abgrundtiefen Lebenstraurigkeit. Sie war eine hochbegabte junge Frau, die erstaunlich schnell zu literarischen Ehren kam. Doch nichts vermochte ihre Depression zu lindern. In ihrem Tagebuch schrieb sie als 21-Jährige: »Ich möchte gerne weinen. Wo soll das alles hingehen? Warum sehe ich kein Ziel? Ich wage nicht, zu hoffen. Immerzu spüre ich Tränen aufsteigen. Das Leben quält mich. Ich möchte so gerne ruhig und gesund sein.«

Das Einzige, was sie noch tröstete, war der Gedanke, sich selbst zu töten. Wie sehr sie sich aus diesem Leben hinauswünschte und in den Tod hineinträumte, zeigen Notizen für einen Roman, die sie in ihrem letzten Lebensjahr verfasst hat: »Es wird nicht wehtun. Nichts tut mehr weh. Der Gedanke an den Tod ist wie ein Narkotikum. Langsam werde ich gefühllos. Ich bedauere nicht mehr, die Akropolis nicht gesehen zu haben, einen Mann namens Joe nicht geküßt zu haben, ich verschmerze meine ungeschriebenen Gedichte. Mir tut niemand mehr leid. Ich bin nicht verzweifelt, nicht berauscht. Ich bin wie ein kaltes Reptil. Veronal.

Sorgsam gesammelt, erschwindelt, oft am Abend betrachtet, manchmal die glatten Phiolen lange zwischen
den Fingern gehalten, verborgen in meiner Seiden-
wäsche. Ein Mann, den ich nicht genug liebte, daß es
mich am Leben gehalten hätte, sagte einmal: ›Sich
töten? – Wozu? – Das führt doch zu nichts.‹ Das ist es:
Es führt zum Nichts. Dort will ich hin. Ich konnte
nicht alles haben, so will ich auch kein Etwas.«

Mit nur 23 Jahren tötete Herta Kräftner sich selbst.
Drei Jahre vorher hatte sie ein großes Gedicht-Gebet
geschrieben:

Altarstufe

Herr, laß mich noch einmal alle Tränen weinen,
auf denen jemals Menschen, die auf diesen Steinen
knieten, ihr Leid vor Dich hinschoben wie ein müdes
    Boot.

Laß mich, o Herr, in Tränen weinen,
daß meinen Augen die Tage nicht zu Steinen
werden, die sie erdrücken wie ein böser Tod.

Dieses Gedicht ist ein Hilfeschrei. Die Dichterin ruft
zu Gott, dass er sie aus ihrer unendlichen Traurigkeit
rette und ihr einen neuen Weg ins Leben zeige. Diese
Hilfe ist Herta Kräftner nicht zuteil geworden. Heißt
dies, dass ihr Gebet sinnlos war, weil es nicht erhört
wurde? Eine Antwort ist kaum möglich. Man steht hier
vor einer Grenze des Verstehens. Diese Grenze sollte

man achten und sich davor hüten, schnelle Erklärungen oder gar moralische Urteile über einen Menschen vorzubringen, der aus schierer Verzweiflung seinem Leben selbst ein Ende gesetzt hat. Aber eines ist an diesem Gedicht-Gebet doch bemerkenswert. Es ist sehr schön. Es berührt. Es rührt zu Tränen – die Menschen, die es lesen, und sicherlich auch den Gott, an den es gerichtet ist.

Gebet im Wald

Weck nicht die erde aus dem schlaf
sie wird schreien
lösch mir im herzen den zweifel
himmlischer vater

Laß mich wie bäume dauern
im dichten wald
tief verwurzelt im glauben
nimm mir die angst
wenn sich die stunde hebt über mir wie ein beil
und niederfällt

Wisch den fluch weg von meinen unreinen lippen
himmlischer vater
brich über meinem kopf deinen regenbogen

Und ich, letzter sohn meines volks
sage mein stilles gebet
und blut wird fließen aus meinen augen

Jakub Zonszajn (1914 bis 1963), polnischer Dichter

Vom Gebet

Du fragst mich, wie man zu einem beten soll, den es
   nicht gibt.
Ich weiß nur, daß Gebet eine samtene Brücke baut,
Auf der wir wippend wie auf einem Sprungbrett
In Landschaften von der Farbe gereiften Goldes gehen,
Verklärt vom magischen Stillstand der Sonne.
Diese Brücke führt zum Ufer der Abkehr,
Wo schon alles verkehrt ist und der Satz »es gibt ihn«
Einen kaum geahnten Sinn enthüllt.
Bemerke doch, ich sage »wir«. Jeder für sich
Spürt darin das Mitleid mit anderen, im Körper Ver-
   strickten,
Und er weiß: Selbst wenn es kein anderes Ufer gibt,
Werden sie die Brücke über der Erde genauso betreten.

Czeslaw Milosz (1911 bis 2004), polnischer Dichter

KANN MAN BETEN, OHNE AN GOTT ZU GLAUBEN?

Es ist eigentlich unvorstellbar, dass ein Mensch an Gott glaubt, aber nicht zu ihm betet. Wer wirklich an Gott glaubt, wird das Bedürfnis haben, auch mit ihm zu sprechen. Manchmal kommt es aber sogar vor, dass selbst Menschen, die gar nicht an Gott glauben, ein Gebet sprechen. Manche tun es mit einer ordentlichen Portion Ironie, wie der französische Philosoph Henri Bergson (1859 bis 1941), von dem dieses kurze Gebet überliefert ist: »Lieber Gott, ich danke Dir, dass es Dich nicht gibt.«

Sehr viel ernster versuchte es Denis Diderot (1713 bis 1784), einer der größten Philosophen und Schriftsteller der französischen Aufklärung. Von ihm stammt das vielleicht seltsamste Gebet der Religionsgeschichte. Diderot hatte sich von der katholischen Kirche und dem traditionellen christlichen Glauben weit entfernt. Er glaubte nicht an Gott oder zumindest meinte er, über das Dasein Gottes nichts wissen zu können. Dennoch ist von ihm ein Gebet überliefert, das er an den Gott gerichtet hat, an den er nicht geglaubt hat:

»O Gott, ich weiß nicht, ob es dich gibt, aber ich will mir vorstellen, als ob Du in meine Seele blicken würdest. Ich will handeln, als ob ich vor Dir stünde. Wenn ich manchmal gegen meine Vernunft oder Dein Gesetz verstoßen habe, so will ich nicht weniger zufrieden sein mit meinem vergangenen Leben; aber ich will auch nicht weniger ruhig über mein zukünftiges

Schicksal sein, weil Du meinen Fehler vergessen hast. Denn wenn es dich nicht gibt, ist der Lauf der Dinge an sich notwendig. Oder wenn es dich gibt, geschehen die Dinge nach Deiner Ordnung. Ich hoffe auf Deine Vergeltung in der anderen Welt, wenn es eine solche gibt, obwohl ich alles, was ich in dieser Welt tue, für mich selbst tue. Wenn ich das Gute befolge, so geschieht es ohne Hintergedanken. Wenn ich das Böse lasse, so tue ich es, ohne an dich zu denken. Ich könnte mich nicht davon abhalten, Wahrheit und Tugend zu lieben und Lüge und Laster zu hassen, selbst wenn ich wüsste, dass es Dich nicht gibt, oder wenn ich glaubte, dass es Dich gibt, es Dir aber gleichgültig ist. Sieh mich an, wie ich bin: ein notwendig organisierter Teil der ewigen und notwendigen Materie oder vielleicht auch Deine Schöpfung. Aber wenn ich wohltätig und gut bin, was liegt meinen Mitmenschen daran, ob ich das bin aufgrund einer zufällig guten Veranlagung oder aufgrund meiner eigenen Willensfreiheit oder durch die Hilfe Deiner Gnade?«

Dieses Gebet macht einen unsicheren und unglücklichen Eindruck. Es ist lang und gewunden. Nie findet es zu einer einfachen Aussage, einem klaren Ausdruck. Es schlingert von Satz zu Satz. Es tut so, als ob es Gott gäbe. Zugleich aber erweckt es den Eindruck, als sei die Gottesfrage letztlich gleichgültig. Ob es Gott nun gibt oder nicht, ändert nichts an der Lebenshaltung, die sich in diesem Gebet ausspricht. Wenn es aber egal ist, ob dieses Gebet von einem Gott gehört wird oder in der Leere verhallt, was ist dann überhaupt noch von

Bedeutung? Zwar behauptet der Beter, dass moralische Prinzipien wie Tugendhaftigkeit und Wahrhaftigkeit für ihn immer Geltung haben werden. Aber im Letzten kann er sich nicht einmal darüber Klarheit verschaffen, wer er selbst eigentlich ist. Hält sich Diderot für ein zufälliges Naturprodukt oder für die Schöpfung eines guten und gerechten Gottes? Die Lektüre dieses Gebets kann einen fast nervös machen. Wie mag es Diderot erst beim Schreiben ergangen sein?

Empfänger unbekannt –
Retour à l'expéditeur

Vielen Dank für die Wolken.
Vielen Dank für das Wohltemperierte Klavier
und, warum nicht, für die warmen Winterstiefel.
Vielen Dank für mein sonderbares Gehirn
und für allerhand andre verborgne Organe,
für die Luft, und natürlich für den Bordeaux.
Herzlichen Dank dafür, daß mir das Feuerzeug nicht
    ausgeht,
und die Begierde, und das Bedauern, das inständige
    Bedauern.
Vielen Dank für die vier Jahreszeiten,
für die Zahl e und für das Koffein,
und natürlich für die Erdbeeren auf dem Teller,
gemalt von Chardin, sowie für den Schlaf,
für den Schlaf ganz besonders,
und, damit ich es nicht vergesse,
für den Anfang und das Ende
und die paar Minuten dazwischen
inständigen Dank,
meinetwegen für die Wühlmäuse draußen im Garten
    auch.

*Hans Magnus Enzensberger (*1929), deutscher Dichter*

»Wozu braucht man schon Gebete? Mach dich selbst glücklich!«

Seneca (um 4 v. Chr. bis 65 n. Chr.), römischer Philosoph

»Es ist ein ungereimter und zugleich vermessener Wahn, durch die pochende Zudringlichkeit des Bittens zu versuchen, ob Gott nicht von dem Plan seiner Weisheit zum gegenwärtigen Vorteil für uns abgebracht werden könnte.«

Immanuel Kant (1724 bis 1804), deutscher Philosoph

»Im Gebet wendet sich der Mensch an die Allmacht der Güte – das heißt also nichts andres als: im Gebet betet der Mensch sein eignes Herz an, schaut er das Wesen seines Gemüts als das höchste, das göttliche Wesen an.«

Ludwig Feuerbach (1804 bis 1872), deutscher Philosoph

»Beten ist das Verlangen, dass die Gesetze des Universums zugunsten eines einzelnen Bittstellers aufgehoben werden, der selbst bekennt, unwürdig zu sein.«

Ambrose Bierce (1842 bis 1914), amerikanischer Satiriker

? IST BETEN EIN ZEICHEN VON FAULHEIT?

Eine alte Kritik an übermäßiger Frömmigkeit besagt, dass es besser sei zu handeln, als zu beten. Wer bete, mache es sich zu einfach. Er lege bloß die Hände in den Schoß, schließe die Augen und murmle seine Bitten gen Himmel. Er überlasse es also allein dem lieben Gott, dafür zu sorgen, dass die Not auf dieser Welt verringert werde und das Gute über das Böse siege. Beten sei also nur ein anderes Wort für Faulheit.

Nur, so kann man zurückfragen, woher bekommt ein Mensch die innere Kraft zum Handeln? Was macht ihn wach und aufmerksam für das Unglück seines Nächsten? Was treibt ihn an, anderen zu helfen? Was gibt ihm die Geduld, um Rückschläge zu überwinden? Woraus speist sich seine Hoffnung, mit der allein er ein gutes Werk beginnen und auch zu Ende führen kann?

Das Gebet ist eine Pause vom alltäglichen Handeln. Wer betet, arbeitet nicht. Aber das heißt nicht, dass er nichts täte oder faul wäre. Denn das Gebet arbeitet in ihm. Es verwandelt ihn. Es bereitet ihn darauf vor, selbst mitzuhelfen, diese Welt zu verwandeln. Darum sollte man keine Angst haben, als Faulpelz beschimpft zu werden, bloß weil man regelmäßig betet. Im Gegenteil, man sollte fröhlich weiterbeten, dann aber mit neuer Lust und Kraft an seine Arbeit gehen.

»Wer richtig zu beten weiß,
der weiß auch richtig zu leben.«

Aurelius Augustinus

Gebet um Versöhnung

Du hast uns nicht ein Herz gegeben, damit wir uns
  hassen,
und Hände, damit wir uns erdrosseln,
sondern dass wir uns gegenseitig helfen
die Last eines mühevollen, flüchtigen Lebens zu tragen,
dass die kleinen Unterschiede zwischen den Kleidern,
die unsere schwachen Körper bedecken,
zwischen unseren ungenügenden Sprachen,
zwischen unseren lächerlichen Bräuchen,
zwischen all unseren unvollkommenen Gesetzen,
zwischen all unseren unsinnigen Meinungen,
zwischen unseren Standesverhältnissen,
die so verschieden sind in unseren Augen
und so gleich vor dir,
dass all die kleinen Nuancen,
welche die Atome, ›Menschen‹ genannt, unterscheiden,
nicht Anlässe zum Hass und zur Verfolgung seien.

François-Marie Arouet Voltaire (1694 bis 1778),
französischer Philosoph der Aufklärung

Jüdisches Gebet gegen den Hass

Möge es Dein Wille sein,
dass kein Herz Hass gegen uns hege
und unser Herz gegen niemanden Hass hege;
dass kein Herz Neid gegen uns hege
und unser Herz gegen niemand Neid hege.

»MAN KANN SAGEN, dass in jedem Gebet ein Engel auf uns wartet, weil jedes Gebet den Betenden verändert, ihn stärkt, indem es ihn sammelt und zu der äußersten Aufmerksamkeit bringt, die im Leiden uns abgezwungen wird und die wir im Lieben selber geben.«

Dorothee Sölle (1929–2003), deutsche Theologin

Schutzengelgebete

Schutzengel mein,
Hüt' mich fein
Tag und Nacht,
Früh und spät,
Bis mein' Seel'
In Himmel fährt!

Abends, wenn ich schlafen geh,
Vierzehn Engel bei mir stehn:
Zwei zu meiner Rechten,
Zwei zu meiner Linken,
Zwei zu meinen Häupten,
Zwei zu meinen Füßen,
Zwei, die mich decken,
Zwei, die mich wecken,
Zwei, die mich weisen
In das himmlische Paradeischen.

Breit aus die Flügel beide,
o Jesu, meine Freude,
und nimm dein Küchlein* ein.
Will Satan mich verschlingen,
so lass die Englein singen:
»Dies Kind soll unverletzet sein.«
Paul Gerhardt

★ »Küchlein« bedeutet »Küken«

GEBET EINES RUSSISCHEN JUDEN

Friede allen Menschen, die bösen Willens sind, auf dass jedwede Rache wie auch jeder Aufruf zu Strafe und Vergeltung ein Ende habe. Die Übeltaten übersteigen jedes Maß, sie sind jenseits menschlichen Verstehens. Es gibt zu viele Märtyrer.

Daher, Herr, wäge unsre Leiden nicht auf der Waage Deiner Gerechtigkeit und rechne diese Leiden nicht den Henkern an, damit sie nicht zu schrecklicher Rechenschaft genötigt seien. Vergelte auf andere Weise. Nein, schreibe den Henkern, den Denunzianten und Verrätern, ja, allen schlechten Menschen die ganze Tapferkeit, die ganze Seelenstärke der andern gut – ihre Demut, ihre höhere Würde, ihr ununterbrochenes geheimes Leiden, ihre unumstößliche Hoffnung, ihr Lächeln, das die Tränen trocknet, ihre zerplagten und zerquälten Herzen, die stark geblieben sind und des Vertrauens voll im Angesicht des Todes und sogar im Tode selbst. Ja – auch in Stunden letzter Schwäche …

All dies, o Herr, lass gelten als Vergeltung der Sünden, als Loskauf, um des Siegs der Wahrheit willen, und so magst Du das Gute, nicht das Üble buchen. Und so mögen wir unsern Widersachern nicht als Opfer, nicht als Schrecknis, nicht als Furcht und Zittern vor Verblichnen im Gedächtnis bleiben, sondern als Helfer bei ihrem Bemühen, die Raserei ihrer übeltätigen Leidenschaften zu töten; nur dies erwartet man von ihnen.

Wenn alles sein Ende haben wird, möge es uns gegeben sein, als Menschen unter Menschen zu leben, und es kehre wieder Friede ein auf unsrer armen Erde – für alle Menschen guten Willens und auch für alle anderen.

Anonymes Gedicht aus dem Jahr 1970

**WENN DU DEIN
LEBEN ÄNDERN WILLST ...**

(nach Psalm 25 und 51)

Zeige mir den Weg in ein gutes Leben
und hilf mir, ihn zu gehen.
Leite mich in Deiner Wahrheit
und im Licht Deiner Gerechtigkeit.
Denke nicht an meine Mängel,
an meine vielen, alten Fehler.
Ich weiß, dass ich übel gehandelt habe,
nun will ich mich ändern.
Denke daran, wie ich sein könnte
und eigentlich selbst sein will.
Du bist gut und gerecht,
ich will Dir folgen.
Vergib mir meine Schuld
und lass mich neu beginnen.
Gib mir ein reines Herz
und einen verlässlichen Geist.
Gerechtigkeit soll mich bestimmen
und Ehrfurcht vor dem Leben mich erfüllen.

Friedensgebet

O Herr,
mach mich zu einem Werkzeug Deines Friedens:
dass ich Liebe übe, wo man sich hasst,
dass ich verzeihe, wo man beleidigt,
dass ich verbinde, da, wo Streit ist,
dass ich die Wahrheit sage, wo Irrtum herrscht,
dass ich den Glauben bringe, wo der Zweifel drückt,
dass ich die Hoffnung wecke, wo Verzweiflung quält,
dass ich ein Licht anzünde, wo Finsternis regiert,
dass ich Freude bringe, wo der Kummer wohnt,

Herr, lass mich trachten:
nicht, dass ich getröstet werde, sondern dass ich tröste,
nicht, dass ich verstanden werde,
    sondern dass ich verstehe;
nicht dass ich geliebt werde, sondern dass ich liebe.

Denn wer da hingibt, der empfängt;
wer sich selbst vergisst, der findet;
wer verzeiht, dem wird verziehen;
und wer stirbt, erwacht zum ewigen Leben.

*Dieses Gebet wurde früher fälschlicherweise Franz von Assisi
zugeschrieben, stammt aber von dem französischen Abbé
Esther Auguste Bouquerel (1855 bis 1923).*

Evangelisches Friedensgebet

Verleih uns Frieden gnädiglich,
Herr Gott, zu unsern Zeiten.
Es ist doch ja kein andrer nicht,
Der für uns könnte streiten,
Denn Du, unser Gott, alleine.

Martin Luther, 1529

? IST BETEN GEFÄHRLICH?

Es geschieht nur wenigen, und selbst diesen höchst selten, aber es kann passieren, dass man beim Beten in Grenzbereiche vorstößt. Dort kann man einer Macht des Heiligen begegnen, die unheimlich wirkt, die Furcht und Zittern auslöst. Davon erzählt eine Geschichte aus dem Alten Testament.

Vor vielen Jahren war Jakob aus dem Haus seines Vaters geflohen. Damals war er ein junger Mann gewesen, der nicht wusste, was Recht und Unrecht ist. Er hatte seinen Vater betrogen und seinen Bruder bestohlen. Da sein Bruder ihn töten wollte, war er auf und davon gelaufen, durch Steppen und Wüsten, bis er in ein fremdes Land gekommen war. Dort hatte er Arbeit und eine neue Heimat gefunden. Er hatte geheiratet, war Vater und ein reicher Mann geworden. Doch irgendwann wollte er zurück. Also machte er sich auf, gemeinsam mit seiner Familie, seinen Knechten, Mägden, den Rinder-, Esels- und Schafherden. Jakob war sehr erregt. Er hatte solche Sehnsucht nach seiner Heimat, nun würde er sie wiedersehen. Er hatte aber auch Angst vor seinem Bruder. Ob dieser ihm verzeihen würde?

Es wurde Abend. Sie setzten über einen kleinen Fluss und ließen sich nieder. Es wurde dunkel. Jakob ging noch einmal zurück zum Ufer. Da kam eine dunkle Gestalt über ihn und sie kämpften. Sie rangen miteinander, Stunde um Stunde, die ganze Nacht hindurch. Endlich kam die Morgenröte und die dämonische Gestalt wollte davon. Sie schlug Jakob hart auf die Hüfte. Doch Jakob ließ nicht los. Da sprach die unheimliche Gestalt: »Lass mich gehen, denn die Morgenröte bricht an.« Aber Jakob antwortete: »Ich lasse dich nicht los, es sei denn, Du segnest mich.« Da segnete der Fremde ihn und Jakob ließ ihn gehen.

Die Sonne ging auf. Es wurde Tag und Jakob erkannte: In dieser Nacht hatte er mit Gott gerungen, und Gott hatte ihn gesegnet. Jakob rieb sich die Augen und stand auf. Da sah er seinen Bruder kommen. Jakob ging ihm entgegen. Er wollte sich vor ihm auf den Boden werfen. Doch sein Bruder lief auf ihn zu und schloss ihn in seine Arme.

»Das Gebet sollte nicht empfohlen werden

als eine Sache,

die sich von selbst versteht,

sondern als ein zutiefst

geheimnisvoller Vorgang.«

Karl Rahner (1904 bis 1984),

deutscher Theologe

WIE BETET MAN IN TODESANGST?

Im April des Jahres 1521 musste Martin Luther eine lebensgefährliche Reise unternehmen. Für seine neue evangelische Lehre hatten ihn die kirchlichen Autoritäten mit dem Kirchenbann bestraft. Er galt jetzt also als Ketzer, war recht- und schutzlos. Eine letzte Chance war ihm jedoch eingeräumt worden. Er wurde zum Reichstag nach Worms vorgeladen, um dort vor den höchsten Repräsentanten der geistlichen und weltlichen Macht seine neue Glaubenslehre zu widerrufen. Doch für Luther stand fest, dass er diesen Widerruf nicht leisten würde. Denn das wäre gegen sein Gewissen gewesen. Auf der Reise durch Deutschland strömten die Menschenmengen ihm zu. Auch als er am 16. April in Worms ankam, wurde er von der Bevölkerung begeistert empfangen.

Doch kurz vor seinem entscheidenden Auftritt war er ganz auf sich gestellt. Er musste damit rechnen, dass er diesen Reichstag nicht überleben, sondern – wie viele »Ketzer« vor ihm – verbrannt werden würde. Wer sollte ihm jetzt helfen, da er vor die Mächtigsten seiner Zeit treten sollte? In dieser Situation sprach er ein sehr erstaunliches – hier gekürztes – Gebet.

Ach Gott! Ach Gott! O Du, mein Gott!
Du, mein Gott, stehe Du mir bei, gegen aller Welt
    Vernunft und Weisheit.
Tu Du es; Du musst es tun, Du allein.

Es ist doch nicht meine, sondern Deine Sache.
Ich habe für meine Person hier doch nichts zu
    suchen
und mit diesen großen Herrn der Welt zu tun.
Stehe mir bei, Du treuer, ewiger Gott!
Ich verlasse mich auf keinen Menschen!
Gott, o Gott, hörst Du nicht, mein Gott?
Bist Du tot? Nein, Du kannst nicht sterben, Du
    verbirgst dich bloß.
Hast Du mich dazu erwählt?
Ich habe es mein Leben lang nie gedacht,
dass ich einmal gegen so große Herren sein würde,
habe es mir auch nie vorgenommen.
Ei Gott, so stehe mir bei im Namen Deines lieben
    Sohnes Jesu Christi,
der mein Schutz und Schirm sein soll, ja meine feste
    Burg,
durch Kraft und Stärkung Deines Heiligen Geistes.
Herr, wo bleibst Du? Du, mein Gott, wo bist Du?
Komm, komm, ich bin bereit,
auch mein Leben darum zu lassen,
geduldig wie ein Lämmchen.
Denn gerecht ist die Sache und Dein.
Und sollte mein Leib darüber zugrunde und zu Boden,
    ja in Trümmer gehen,
dafür aber Dein Wort und Geist mir gut ist.
Und ist es ja auch nur um den Leib zu tun,
die Seele ist Dein und gehört Dir zu
und bleibt auch bei Dir ewig. Amen

Das Gebet besteht aus lauter kurzen, starken Sätzen. Luther betet wie abgehackt. Abrupt verändert sich die Stimmung von Satz zu Satz. Angstvollen Hilfeschreien zu Gott, regelrechten Weckrufen folgen vertrauens- und liebevolle Anreden. Verzweifelte Fragen, dringende Bitten wechseln mit Bekundungen der Ergebung und des inneren Friedens. Das gibt diesem Gebet in Todesangst eine ungeheure Lebendigkeit. An seinem Ende steht eine große Ruhe und Gelassenheit, ein seltener Mut, eine Todesverachtung, die aus der Gewissheit geboren ist, dass der eigentliche Kern des Menschen – die Seele – in Gott geborgen ist und von Fürsten oder Bischöfen nicht angegriffen werden kann.

Mit diesem Todesmut ist Luther vor dem Reichstag auch aufgetreten. Den Widerruf hat er abgelehnt, »weil gegen das Gewissen etwas zu tun weder sicher noch heilsam ist«. Nachdem er den Verhandlungssaal verlassen hat, ruft er erleichtert: »Ich bin hindurch.«

Ein Gebet zum neuen Jahr

Von guten Mächten treu und still umgeben
behütet und getröstet wunderbar, –
so will ich diesen Tag mit euch leben
und mit euch gehen in ein neues Jahr;

noch will das alte unsre Herzen quälen
noch drückt uns böser Tage schwere Last,
Ach, Herr, gib unsern aufgescheuchten Seelen
das Heil, für das Du uns geschaffen hast.

Und reichst Du uns den schweren Kelch, den bittern,
des Leids, gefüllt bis an den höchsten Rand,
so nehmen wir ihn dankbar ohne Zittern
aus Deiner guten und geliebten Hand.

Doch willst Du uns noch einmal Freude schenken
an dieser Welt und ihrer Sonne Glanz,
dann woll'n wir des Vergangenen gedenken,
und dann gehört Dir unser Leben ganz.

Laß warm und hell die Kerzen heute flammen,
die Du in unsre Dunkelheit gebracht,
führ, wenn es sein kann, wieder uns zusammen!
Wir wissen es, Dein Licht scheint in der Nacht.

Wenn sich die Stille nun tief um uns breitet,
so laß uns hören jenen vollen Klang
der Welt, die unsichtbar sich um uns weitet,
all Deiner Kinder hohen Lobgesang.

Von guten Mächten wunderbar geborgen,
erwarten wir getrost, was kommen mag.
Gott ist mit uns am Abend und am Morgen
und ganz gewiß an jedem neuen Tag.

Dietrich Bonhoeffer

KANN EIN GEBET DIE SUMME EINES GANZEN LEBENS ENTHALTEN?

Als Emmi Bonhoeffer 85 Jahre alt war, schrieb sie ein Gebet, das ihr ganzes Leben in wenige Verse zusammenfasst. Dabei konnte sie nicht nur auf ein langes, sondern auch auf ein sehr bewegtes Leben zurückblicken. Obwohl sie sich selbst nie als Widerstandskämpferin bezeichnet hätte, hatte sie wie wenige andere den Kampf gegen Hitler miterlebt und mit durchlitten. Ihr Ehemann war Klaus Bonhoeffer gewesen, der ältere Bruder Dietrich Bonhoeffers. Beide hatten sich im Widerstand engagiert. Nach dem 20. Juli 1944 waren sie verhaftet und kurz vor Kriegsende ermordet worden. Emmi Bonhoeffer musste nun allein für sich und ihre drei Kinder sorgen. Nachdem ihr Haus zerbombt worden war, trat sie die Flucht nach Westdeutschland an. Aber es gelang ihr nicht bloß, sich selbst und ihre Kinder durch die elenden Kriegsjahre hindurchzubringen, sondern sie engagierte sich auch für Notleidende. Später, in den Sechzigerjahren, als der große Auschwitz-Prozess geführt wurde, betreute sie jüdische Zeuginnen. Als ältere Dame arbeitete sie für »amnesty international« und setzte sich für die Friedensbewegung ein.

1991, ein Jahr vor ihrem Tod, schrieb sie das folgende Gebet. Den Anstoß dazu hatte die Konfirmation eines ihrer Enkelkinder gegeben. Im Konfirmationsgottesdienst hatte der Pastor sich nicht damit begnügt, die Jugendlichen das vorgeschriebene kirchliche Bekenntnis aufsagen zu lassen, sondern sie gebeten, eigene Bekenntnisse zu verfassen. Dies veranlasste Emmi Bonhoeffer, ebenfalls ein persönliches Glaubensbekenntnis – in Form eines Gebets – zu schreiben. Es erhebt keinen großen theologischen Anspruch, sondern versucht, ihr eigenes Leben, all ihre bitteren und wertvollen Erfahrungen, ihre Prinzipien und ihren Glauben in wenigen, unaufgesetzten Versen vor Gott zu bringen.

Schöpfer der Welt!
Du hast in der Unendlichkeit des Universums die
 Winzigkeit des Menschen werden lassen,
den winzigen Menschen mit der gewaltigen Seele.
Diese Seele sucht Dich, wie die Blume sich zur Sonne
 wendet.
Sie weiß nichts von Dir;
aber sie spürt Dich in jedem Blatt, in jedem Kiesel, in
 jeder Regung von Nächstenliebe.
Du hast uns den Zweifel geschenkt. Er ist gut und
 nötig, damit wir nicht ins Schwärmen geraten.
Er ist der Begleiter auf unserer Suche nach Wahrheit
 und Erlösung von unserer und der Welt
 Schlechtigkeit.
Du hast uns Jesus Christus geschenkt, den Kompass,
 der uns durch das Labyrinth der Welt führen kann.
Schenke uns die Kraft, ihm zu folgen.

Gebet für das Altwerden

O Herr, Du weißt besser als ich, dass ich von Tag zu
    Tag älter
und eines Tages alt sein werde.

Bewahre mich vor der Einbildung, bei jeder
    Gelegenheit
und zu jedem Thema etwas sagen zu müssen.
Erlöse mich von der großen Leidenschaft,
die Angelegenheiten anderer ordnen zu wollen.

Lehre mich, nachdenklich, aber nicht grüblerisch,
hilfreich, aber nicht diktatorisch zu sein.
Bei meiner ungeheuren Ansammlung von Weisheit
scheint es mir ja schade, sie nicht weiterzugeben,
aber Du verstehst, Herr, dass ich mir
ein paar Freunde erhalten möchte.

Lehre mich schweigen über meine Krankheiten
und Beschwerden. Sie nehmen zu,
und die Lust, sie zu beschreiben, wächst von Jahr zu
    Jahr.

Lehre mich die wunderbare Weisheit,
dass ich mich irren kann.
Erhalte mich so liebenswürdig wie möglich.
Ein alter Griesgram ist das Krönungswerk des Teufels.

Lehre mich, am anderen Menschen
unerwartete Talente zu entdecken,
und verleihe mir, o Herr, die schöne Gabe,
sie auch bewundernd zu erwähnen.

Gib meinem Herzen die Kraft, das Leben
   anzunehmen,
wie DU es fügst. Nicht mürrisch,
nicht wehmütig in Abendstimmung, nicht wie ein
   Scheidender,
sondern dankbar zu allem, wozu DU mich noch rufen
   willst.
Und dazu gib mir die Kraft des Herzens.

Theresa von Avila

Gebet eines Sterbenden

Herr,
　　ich weiß, meine tage sind gezählt
　　es bleiben nicht mehr viele
　　gerade so viele daß ich es schaffe
　　den sand zu raffen
　　mit dem bedeckt wird mein gesicht

　　ich schaffe es nicht
　　denen genugtuung zu geben
　　denen ich unrecht getan
　　noch mich bei denen zu entschuldigen
　　die ich gekränkt habe
　　darum traurig ist meine seele

　　mein leben
　　hätte einen kreis bilden sollen
　　sich schließen wie eine wohlkomponierte sonate
　　doch jetzt sehe ich deutlich
　　kurz vor dem schlußteil
　　abgerissene akkorde
　　falsch gewählte farbenund worte
　　schrille dissonanzen
　　sprache des chaos

warum
war mein leben nicht
wie die kreise im wasser
der in unergründlichen tiefen
erwachende anfang der wächst
sich fügt zu trichtern stufen falten
um sanft zu sterben
an deinen unerforschlichen gestaden

Zbigniew Herbert (1924 bis 1998), polnischer Dichter

**WENN DU
AN DAS STERBEN DENKST ...**

(nach Psalm 90 und 103)

Du bist mein Zufluchtsort, denn Du bist ewig.
Ehe die Welt geschaffen wurde,
bist Du von Ewigkeit zu Ewigkeit.
Tausend Jahre sind für Dich wie ein Tag,
wie die Nacht, die gerade vergangen ist.
Du weißt, woraus ich gemacht bin,
Du bist Dir bewusst, dass ich Staub bin.
Ein Mensch ist in seinem Leben wie Gras,
er blüht wie eine Blume auf dem Feld.
Der Wind geht darüber, schon ist sie nicht mehr da
und niemand kennt mehr ihren Ort.
Mein Leben wird siebzig Jahre dauern,
wenn es hoch kommt, sind es achtzig Jahre.
Viel davon ist voller Arbeit, Mühe und Not,
und ich vergeude es, als wäre es ein Geschwätz.
Meine Zeit fließt davon wie ein Strom,
sie vergeht so schnell, als flöge ich davon.
Lehre mich bedenken, dass ich sterben muss,
damit ich klug und weise werde.
Schenke mir Einsicht in Deine Ewigkeit,
in Dein grenzenloses Leben.
Kehre Dich wieder zu mir und lass mich nicht allein.
So hoch der Himmel über der Erde ist,
leuchte Deine Liebe über mir.
So fern der Morgen vom Abend ist,
lass meine Angst und Schwäche von mir sein.
Erbarme Dich über mir und allem, was lebt,
so wie ein guter Vater sich über seine Kinder erbarmt.

Das Kaddisch

Erhoben und geheiligt
werde Sein großer Name
auf der Welt, die Er
nach Seinem Willen erschaffen hat –
Sein Reich erstehe
in eurem Leben und in euren Tagen
und im Leben des ganzen Hauses Israel,
schnell und in nächster Zeit,
sprecht: Amen!
Sein großer Name sei gepriesen
in Ewigkeit und Ewigkeit der Ewigkeiten.
Gepriesen und gerühmt,
verherrlicht, erhoben,
erhöht, gefeiert,
hocherhoben und gepriesen
sei der Name des Heiligen,
gelobt sei Er,
hoch über jedem Lob und Gesang,
jeder Verherrlichung und Trostverheißung,
die je in der Welt gesprochen wurde,
sprecht: Amen.
Fülle des Friedens und Leben
möge vom Himmel herab
uns und ganz Israel zuteil werden,
sprecht: Amen.
Der Frieden stiftet in Seinen Himmelshöhen,
Er stifte Frieden unter uns und ganz Israel,
sprecht: Amen.

Das Kaddisch gehört zu den wichtigsten jüdischen Gebeten. Manche Juden beten es zehnmal am Tag. Auch in der Synagoge wird es im Gottesdienst regelmäßig gesprochen. Eine besondere Bedeutung hat es bei Trauerfällen. Nach dem Tod eines Angehörigen wird es vom nächsten männlichen Angehörigen, also meistens vom Sohn, ein Jahr lang täglich gebetet – allerdings nicht allein, sondern es müssen immer mindestens zehn jüdische Männer zusammengekommen sein, damit das Kaddisch gesprochen werden kann.

? WIE HAT JESUS GEBETET?

Jesus hat seine Jünger gelehrt, wie man beten soll. Er hat ihnen geraten, kurze und konzentrierte Gebete zu sprechen, also nicht zu »plappern«. Er hat sie auch davor gewarnt, aus ihren Gebeten eine Show zu machen. Sie sollten nicht in der Öffentlichkeit beten, damit die Leute sie und ihre Frömmigkeit bewundern könnten. Jesus hat seinen Jüngern aber nicht nur gesagt, was sie vermeiden sollen, sondern er hat ihnen auch ein Gebet gegeben, das sie sprechen sollten: das Vaterunser. Es ist das berühmteste Gebet der Welt.

Aber wie hat Jesus selbst gebetet? Jesus hat sehr oft und sehr intensiv gebetet. Häufig hat er sich allein oder mit seinen Jüngern an einsame Orte zurückgezogen, um ganze Nächte hindurch zu beten. Doch die meisten seiner Gebete sind nicht überliefert worden. Die fünf Gebete Jesu, die im Neuen Testament aufbewahrt worden sind, sind sehr kurz. Das erste ist ein Jubelruf. Mitten auf seiner Wanderung durch Galiläa, bei der er seine Botschaft verkündet und vielen Elenden geholfen hat, hält Jesus inne und ruft in einem Moment der Begeisterung aus: »Ich preise dich, Vater, Herr des Himmels und der Erde, weil Du dies den Weisen und Klugen verborgen hast und hast es den Einfältigen offenbart. Ja, Vater, so war es Dein Wille. Alles wurde mir vom Vater offenbart, und niemand kennt den Vater als der Sohn und den Sohn niemand als der Vater und wem sich der Sohn offenbaren will.« (Lukas 10,21–22)

Doch diese Freude soll in eine große Traurigkeit

münden. In Jerusalem wird Jesus als politisch-religiöser Aufrührer verhaftet, verurteilt und hingerichtet. Am Vorabend seiner Kreuzigung hat Jesus sich mit seinen Jüngern in einen Garten namens Gethsemane zurück-gezogen. Voll böser Vorahnung betet er: »Vater, alles ist Dir möglich; lass diesen Kelch an mir vorübergehen!« Damit meint er den Kelch des Leidens, den er bis zum letzten Tropfen wird austrinken müssen. Er ringt mit seiner Angst und bittet Gott um Hilfe. Doch bleibt sein Gebet dabei nicht stehen, sondern mündet in ein geheimnisvolles Einverständnis mit Gott: »Doch nicht mein, sondern Dein Wille geschehe!« (Markus 14,33)

Das Unheil nimmt seinen Lauf. Jesus wird ans Kreuz geschlagen. Dort oben ruft er in seiner Wehrlosigkeit und Todesangst: »Mein Gott, mein Gott, warum hast Du mich verlassen?« (Markus 15,34) Dies ist eine Klage aus letzter Verzweiflung, aber nicht nur. Denn mit diesen Worten beginnt der 22. Psalm, ein Gebet aus dem Alten Testament. Jesus betet also ein traditionelles Klagegebet nach, das davon handelt, wie ein Mensch in Not Gott anruft und dieser ihm schließlich zu Hilfe kommt. Aber Jesus betet am Kreuz nicht nur für sich. Er betet auch für die Menschen, die ihm dieses große Unrecht angetan haben. Er bittet Gott für seine Mör-der: »Vater, vergib ihnen, denn sie wissen nicht, was sie tun.« (Lukas 23,34) Als er schließlich spürt, dass sein Ende da ist, spricht er ein letztes Gebet. Jetzt bittet er nicht mehr um Hilfe, er klagt auch nicht mehr, sondern er gibt sich voller Vertrauen Gott hin: »Vater, in Deine Hände befehle ich meinen Geist.« (Lukas 23,46)

Vater unser: Das Gebet Jesu

Vater unser im Himmel.
Geheiligt werde Dein Name.
Dein Reich komme.
Dein Wille geschehe,
wie im Himmel so auf Erden.
Unser tägliches Brot gib uns heute.
Und vergib uns unsere Schuld,
wie auch wir vergeben unseren Schuldigern.
Und führe uns nicht in Versuchung,
sondern erlöse uns von dem Bösen
Denn Dein ist das Reich und die Kraft
und die Herrlichkeit in Ewigkeit.
Amen.

KANN MAN DAS BETEN ÜBEN?

Das Leben ist keine Schule und Gott ist kein Schulmeister. Auch gibt es keinen fertigen Lehrplan und keine feste Methode, nach denen man lernen könn- te, wie man richtig betet. Denn wenn ein Gebet ge- lingt, wenn man also das feste Empfinden gewinnt, dass Gott einen hört und zu einem spricht, dann ist das nie etwas, das man sich erarbeitet hätte. Sondern es ist ein Geschenk, ein Glück, eine Gnade.

Aber auch wenn man diese Gnade nicht herbei- zwingen kann, sollte man sich für sie bereit machen. Insofern gehört zum Beten schon eine gewisse Portion Übung. Wie bei jeder höheren Tätigkeit braucht es regelmäßiges Training, bis man sich in ihr sicher und wohlfühlt. Was für den Sport oder das Musizieren gilt, trifft auch für das Beten zu: Übung macht den Meister.

Es ist deshalb sinnvoll, sich jeden Tag eine gewisse Zeit für das Gebet zu reservieren. Es sollte immer die gleiche Zeit und sie sollte nicht zu lang, aber auch nicht zu kurz sein. Was man wählt, hängt vom eigenen Tem- perament und Tagesablauf ab. Manche beten lieber am Morgen, andere nehmen sich gern eine Auszeit zwi- schendurch, anderen wiederum tut es gut, vor dem Schlafen zu beten.

Auch gibt es Hilfsmittel, die einem den Übergang ins Gebet und die Konzentration erleichtern. Für man- che ist dies das Lesen eines Abschnitts aus der Bibel, für andere das Betrachten eines Bildes, für andere wie- derum das Entzünden einer Kerze. In der Religions-

geschichte wurden zudem viele, zum Teil recht kom-
plizierte Meditationsformen entwickelt. Doch eigentlich sind sie gar nicht notwendig. Das Gebet erfordert
keine besonderen Techniken. Dasein genügt. Aber für
viele ist genau dies sehr schwierig: einfach da zu sein.
Ihnen könnte es helfen, einen Ort und eine Körperhaltung zu finden, die einem die Suche nach innerer
Sammlung und Selbstbesinnung erleichtern. Und wenn
man sich richtig hingesetzt oder hingekniet hat, dann
sollte man nicht gleich mit dem Sprechen beginnen,
sondern erst einmal schweigen, dem eigenen Atem
lauschen, das eigene Herz spüren, still sein und warten,
bis Worte in einem laut werden.

Und schließlich ist es gut, wenn man mit seinem
Gebet nicht immer nur allein bleibt. In regelmäßigen
Abständen sollte man sein stilles Kämmerlein verlassen
und mit anderen, in einer Gemeinschaft beten.

»Was das Gebet für eine Kraft, für Eigenschaften und Tugenden an sich hat, das werden wir, habe ich Sorge, nicht genügend herausstreichen können, denn so schlicht und einfach es klingt, so tief, reich und weit ist es, dass niemand es ergründen kann.«

Martin Luther

? KANN MAN SELBER PSALMEN SCHREIBEN?

Psalmen nennt man die etwa zweieinhalbtausend Jahre alten Gebete des Alten Testaments. Sie sind die tiefsten Gebete, die es gibt. Und sie sind zugleich wunderbare Dichtungen. Ihr wichtigstes Stilmittel ist der sogenannte »Parallelismus der Teile«, das heißt, eine Aussage wird in zwei aufeinanderfolgenden und parallel gebauten Versen ausgesprochen. Zum Beispiel: »Herr, Deine Güte reicht, so weit der Himmel ist, / und Deine Wahrheit, so weit die Wolken gehen. Oder: »Denn bei Dir ist die Quelle des Lebens / und in Deinem Lichte sehen wir das Licht.«

Ein zweites Stilmittel sind die ganz einfachen Bilder, mit denen man das ganze Gefühlsleben eines Menschen darstellen kann. Wenn jemand verzweifelt ist, heißt es: »Ich bin ausgeschüttet wie Wasser.« Wenn jemand Angst hat: »Gewaltige Stiere haben mich umgeben.« Wenn jemand glücklich ist: »Du deckst mir einen Tisch und schenkst mir voll ein.«

Mit diesen beiden Mitteln kann man versuchen, eigene Psalmen zu schreiben. Man überlege sich, welches Gefühl man ausdrücken und was man Gott sagen möchte. Will man ihn um etwas bitten, vor ihm klagen, ihm danken oder ihn loben? Sodann wähle man die passenden Bilder und Begriffe aus, z. B.: Licht, Himmel, Erde, Fels, Sonne, Mond, Wasser, Brot, Salz, Milch, Baum, Schaf, Löwe, Schlange, Sturm, Nacht, Abgrund, Scherbe, Sandkorn, Tropfen, Wunde, Staub. Und dann bilde man mit ihrer Hilfe Verse, von denen jeweils zwei sich ähneln. Wichtig ist, dass man in diese Verse sein Herz hineinlegt, sie aber auch nicht zu privat und persönlich hält, sondern sie so fasst, dass auch viele andere sie beten könnten. Gutes Gelingen!

Psalm Meier

Lobe ihn, meine Seele, preise ihn mit aller Kraft,
mit der Faust in der Tasche und dem
Totenschein in der Faust. In deinem kranken Schmuck,
dem Kleid aus Grind und Karzinomen,
lobe den Herrn, bis du am Boden liegst
und nichts mehr tragen kannst. Bis du erfährst,
was uns trägt.
          Bedenke, daß du nicht stirbst, meine Seele,
daß alle Winter der Welt in diesem Frühjahr blühen,
versuche nicht, klüger als das Gras zu sein.
Überhöre das Schweigen der Spötter,
laß dich verlachen und lache mit: Die ihren Bauch
     blähen
mit fetten Reden, deinen Jubel buchstabieren und
den Geist verkünden aus dem Feuilleton der Toten,
sie sind bestenfalls bei Verstand.
Ihr Gott ist ein Gefrierfach.
          Vergib dir deine früheren Wege,
dein billiges, dreckiges Schaumstoff-Leben,
verzeih dir schnell, meine Seele, denn niemand wird
     klagen
am Ende deiner Zeit, kein Engel wird sagen: Karl Meier,
warum bist du nicht Jesus gewesen. Oder wenigstens
ein Märtyrer. Aber jeder Halm, jeder Stein, jeder
berstende Stern fragt dich schon jetzt: Warum bist du
     nicht
Karl Meier gewesen?

Lobe den Herrn. Lies die verblichene Schrift.
Sieh, wie schön du wirst über den Zeilen, ein Freund
der Lieder. Rufe ihn, meine Seele, ruf ihn jetzt.
In jedem »Wo bist du« sind hundert
                                    »Hier«.

Ralf Rothmann (★1953), deutscher Schriftsteller

Gebet um innere Ruhe

Groß bist Du, Herr, und hoch zu preisen,
und groß ist Deine Macht
und Deine Weisheit unermesslich.
Und preisen will Dich der Mensch, ein kümmerlicher
  Abriss Deiner Schöpfung.
Du selber reizest an, dass Dich zu preisen Freude ist;
denn geschaffen hast Du uns zu Dir,
und ruhelos ist unser Herz, bis dass es seine Ruhe hat
  in Dir.

Aurelius Augustinus

Ein Nachtlied

Der lieben Sonne Licht und Pracht,
hat nun den Tag vollführet,
die Welt hat sich zur Ruh gemacht;
tu, Seel, was Dir gebühret,
tritt an die Himmelstür
und bring ein Lied herfür;
lass deine Augen, Herz und Sinn
auf Jesus sein gerichtet hin.

Ihr hellen Sterne, leuchtet wohl
und gebet eure Strahlen,
ihr macht die Nacht des Lichtes voll;
doch noch zu tausend Malen
scheint heller in mein Herz
die ewig Himmelskerz,
mein Jesus, meiner Seele Ruhm,
mein Schatz, mein Schutz, mein Eigentum.

Verschmähe nicht dies arme Lied,
das ich Dir, Jesu, singe;
in meinem Herzen ist kein Fried,
bis ich es zu Dir bringe.
Ich bringe, was ich kann,
ach nimm es gnädig an,
es ist doch herzlich gut gemeint,
o Jesu, meiner Seelen Freund.

Nun, matter Leib, gib dich zur Ruhe
und schlafe sanft und stille;
ihr müden Augen, schließt euch zu,
denn das ist Gottes Wille.
Schließt aber dies mit ein:
»Herr Jesu, ich bin Dein!«
So wird der Schluss recht wohl gemacht.
Nun Jesu, Jesu, gute Nacht.

Christian Scriver (1629 bis 1693), evangelischer Pastor und Dichter. Dieses Gedicht wurde von Georg Philipp Telemann zu einem Choral vertont.

»Zum Beten und zum Lieben
kann man niemanden zwingen.«

Portugiesisches Sprichwort

ZEHN GEBOTE
ÜBER DAS BETEN

1. Lass dir das Beten nicht befehlen, aber lass es dir auch nicht verbieten.
2. Mach dir das Beten zu einer festen Gewohnheit, damit du es nicht vergisst.
3. Bete nicht zu viel und zu lange, damit du nicht die Lust verlierst.
4. Bete gern, denn Gott liebt fröhliche Beter.
5. Bete gerade dann, wenn dir eigentlich nicht danach ist.
6. Sei ehrlich in deinem Gebet.
7. Erbitte nur das für dich selbst, was du auch allen anderen Menschen wünschen könntest.
8. Vergiss über dem Bitten das Danken und über dem Sprechen das Hören nicht.
9. Denke daran, dass gleichzeitig mit dir unzählige Menschen auf Erden ebenfalls beten.
10. Bete nur den einen Gott an, der allein deines Gebets würdig ist.

»Beten ist in der Religion,
was Denken in der Philosophie ist.
Beten ist Religion-machen.
Der religiöse Sinn betet,
wie das Denkorgan denkt.«

Novalis (1772 bis 1801),
deutscher Dichter und Philosoph

»Nicht was du begehrst, erbitte von den Göttern, sondern dass du frei werdest von allem Begehren, das erflehe von ihnen. Dann werden dich die Götter erhören, wenn du nicht um das Angenehme, sondern um das Wertvolle betest.«

Epiktet (um 50 bis 138), griechischer Philosoph

Segen

Der Herr segne und behüte Dich;
der Herr lasse leuchten sein Angesicht über Dir und sei
 Dir gnädig;
der Herr hebe sein Angesicht über Dich und schenke
 Dir Frieden.

*Dieser uralte Segen wird Aaron, dem Bruder des Mose, zuge-
schrieben.*

Häufig gestellte Fragen über das Beten

Was Du beten kannst, wenn ...

Gebete für alle Lebenslagen

Menschen, die schöne Gebete verfasst oder sich kluge Gedanken über das Beten gemacht haben

Dank

Ein herzlicher Dank für vielfältige Hinweise an:
Gabriele Leja-Zimmermann, Susanne Krones,
Karl Heinrich Ehrenforth, Peter Göpfert,
Cornelie Grossmann, Uwe-Michael Gutzschhahn,
Thomas Hirsch-Hüffell, Martin Illert, Christof Jaeger,
Heiko Jahn, Hans Jürgen Luibl, Wolfgang Peper,
Eginald Schlattner, Jan Wagner, Henning Ziebritzki.

Wesentliche Anregungen verdankt dieses Buch dem
klassischen Werk »Das Gebet« von Friedrich Heiler aus
dem Jahr 1917.

Quellennachweise

Aharon Appelfeld, Geschichte eines Lebens, Deutsche Übersetzung von Anne Birkenhauer, Copyright © 2005 by Rowohlt Taschenbuch Verlag GmbH Berlin.

Augustinus, »Groß bist du«, aus: Bekenntnisse, hg. und übersetzt von Joseph Bernhardt, Insel Verlag, Frankfurt am Main 1987.

Jelena Blaginina, »Madonna«, aus: »Gedichte an Gott sind Gebete«. Gott in der neuesten sowjetischen Poesie, hg. und übersetzt von Felix Philipp Ingold und Ilma Rakusa, Arche Literatur Verlag Zürich 1972 © der deutschen Übersetzung des Gedichts »Madonna«: Ilma Rakusa

Dietrich Bonhoeffer, »Morgengebet«, aus: ders., Widerstand und Ergebung, © by Gütersloher Verlagshaus, Gütersloh, in der Verlagsgruppe Random House GmbH, München.

Dietrich Bonhoeffer, »Von guten Mächten«, aus: ders., Widerstand und Ergebung, © by Gütersloher Verlagshaus, Gütersloh, in der Verlagsgruppe Random House GmbH, München.

Emmi Bonhoeffer, »Schöpfer der Welt«, aus: Emmi Bonhoeffer. Bewegende Zeugnisse eines mutigen Lebens, hg. von Sigrid Grabner und Hendrik Röder, Rowohlt Taschenbuch Verlag, Reinbek 2006.

Christine Busta, »Die andere Frömmigkeit«, aus: dies., Einsilbig ist die Sprache der Nacht, © Otto Müller Verlag, 1. Auflage, Salzburg 2000.

Joseph von Eichendorff, »Marienlied«, aus: ders., Werke in einem Band, Carl Hanser Verlag, München 1977.

Hans Magnus Enzensberger, »Empfänger unbekannt – Retour à l'expéditeur«, aus: ders.: Kiosk. Neue Gedichte, © Suhrkamp Verlag Frankfurt am Main 1995.

»Gebet eines russischen Juden«, aus: »Gedichte an Gott sind Gebete«. Gott in der neuesten sowjetischen Poesie, hg. und übersetzt Felix Philipp Ingold und Ilma Rakusa. Arche Literatur Verlag Zürich 1972 © der deutschen Übersetzung von »Gebet eines russischen Juden«: Felix Philipp Ingold

Zbigniew Herbert, »Brevier«, aus: ders., Gewitter Epilog. Gedichte, Aus dem Polnischen von Henryk Bereska © Zbigniew Herbert 1998, © der deutschsprachigen Ausgabe Suhrkamp Verlag Frankfurt am Main 2000.

Steffen Jacobs, »1. Bemühen«, aus: »Schnelle Gebete in b«, aus: ders.: Angebot freundlicher Übernahme. Gedichte, Haffmanns Verlag bei Zweitausendeins, Frankfurt/Main, © 2002 by www.zweitausendeins.de

Paul Klee, »Wäre ich ein Gott ...«, aus: ders., Gedichte, hg. von Felix Klee © 1960, 2005 by Arche Literatur Verlag AG, Zürich-Hamburg.

Des Knaben Wunderhorn. Alte deutsche Lieder, hg. von Achim von Arnim und Clemens von Brentano, Insel Verlag, Frankfurt am Main 1976.

Michael Krüger, »Das Kreuz«, aus: ders., Kurz vor dem Gewitter. Gedichte, © Suhrkamp Verlag Frankfurt am Main 2003.

Herta Kräftner, »Altarstufe«, aus: dies., Kühle Sterne. Gedichte, Prosa, Briefe © 1997 by Wieser Verlag, Klagenfurt-Salzburg.

Christina Lavant, »Du hast mich aus aller Freude geholt«, aus: dies., Kunst wie meine ist nur verstümmeltes Leben, © Otto Müller Verlag, 1. Auflage, Salzburg 1978.

Christian Lehnert, »Schroffe, warme Stein …«, aus: ders., Ich werde sehen, schweigen und hören. Gedichte, © Suhrkamp Verlag Frankfurt am Main 2004.

Czeslaw Milosz, »Vom Gebet«, aus: ders., DAS und andere Gedichte, Aus dem Polnischen von Doreen Daume, © 2004 Carl Hanser Verlag, München 2004.

Rainer Maria Rilke, »Du, Nachbar Gott«, aus: ders., Die Gedichte, hg. von Ernst Zinn, Insel Verlag, Franfurt am Main 1992.

Joachim Ringelnatz, »Kindergebetchen«, aus: ders., Die Gedichte, hg. v. Fritz und Katinka Eycken mit Jakob Winter, Haffmans Verlag bei Zweitausendeins, Frankfurt am Main 2005.

Ralf Rothmann, »Psalm Meier«, aus: ders., Gebet in Ruinen. Gedichte, © Suhrkamp Verlag Frankfurt am Main 2000.

Nelly Sachs, »Chor der unsichtbaren Dinge«, aus: dies., Fahrt ins Staublose. Gedichte, © Suhrkamp Verlag Frankfurt am Main 1961.

Antoine de Saint-Exupery: »Kunst der kleinen Schritte«, aus: ders., Die Stadt in der Wüste © 1956 und 2002 Karl Rauch Verlag, Düsseldorf.

Lutz Seiler: »sonntags dachte ich an gott«, aus: ders., Sonntags dachte ich an Gott. Aufsätze, © Suhrkamp Verlag Frankfurt am Main 2004.

Charles Simic, »Gebet«, aus: ders.: Grübelei im Rinnstein. Ausgewählte Gedichte, Aus dem Amerikanischen von Hans Magnus Enzensberger, Jan Wagner, Rainer G. Schmidt und Michael Krüger, © 2000 Carl Hanser Verlag, München. (Das Gedicht »Gebet« übersetzte Hans Magnus Enzensberger.)

R. S. Thomas, »Das Gebet«, aus: ders., Collected Poems, © 1995 Phoenix Giant, London, Aus dem Englischen von Johann Hinrich Claussen.

Jan Wagner, »teebeutel«, aus: ders., Achtzehn Pasteten. Gedichte © Berlin Verlag 2007.

Jakub Zonszajn, »Gebet im Wald«, aus: Lektion der Stille. Neue polnische Lyrik, herausgegeben und übersetzt von Karl Dedecius © 1959 Carl Hanser Verlag, München.